中小学生核心素养系列丛书

# 中小学生美育教育知识

魏　薇　编著

应急管理出版社

·北京·

**图书在版编目（CIP）数据**

中小学生美育教育知识/魏薇编著．－－北京：应急
管理出版社，2021（2022.1 重印）
（中小学生核心素养系列丛书）
ISBN 978 - 7 - 5020 - 7961 - 1

Ⅰ．①中…　Ⅱ．①魏…　Ⅲ．①美育—中小学—课外读
物　Ⅳ．①G634.950.3

中国版本图书馆 CIP 数据核字（2021）第 075758 号

**中小学生美育教育知识**（中小学生核心素养系列丛书）

| | |
|---|---|
| 编　　著 | 魏　薇 |
| 责任编辑 | 高红勤 |
| 封面设计 | 何洁薇 |

出版发行　应急管理出版社（北京市朝阳区芍药居 35 号　100029）
电　　话　010 - 84657898（总编室）　010 - 84657880（读者服务部）
网　　址　www.cciph.com.cn
印　　刷　天津盛奥传媒印务有限公司
经　　销　全国新华书店

开　　本　710mm×1000mm¹/₁₆　印张　6¹/₂　字数　83 千字
版　　次　2021 年 6 月第 1 版　2022 年 1 月第 2 次印刷
社内编号　20201790　　　　　　定价　28.00 元

# 序 言

2020年10月，中共中央办公厅、国务院办公厅印发《关于全面加强和改进新时代学校美育工作的意见》，并发出通知，要求各地区各部门结合实际认真贯彻落实。习近平总书记高度重视学校美育工作，他在全国教育大会上强调要全面加强和改进学校美育工作。学习贯彻习近平总书记关于学校美育工作重要指示精神是新时代学校工作的重要任务。

美育，又称审美教育，它同智育、德育、体育、劳动教育一同构成我国现代教育的基础。随着我国现代化教育体系的完善，美育在现代教育中的地位愈发凸显。全面和谐发展的新时代中小学生，不应仅仅拥有智力和体力，还应当拥有崇高的思想境界、高尚的精神追求和审美情趣。

为了贯彻习近平总书记关于学校美育工作重要指示精神，充分提高中小学生的审美素质，促进中小学生的全面协调发展，学校教育必须对中小学生进行德、智、体、美、劳的全面教育，不仅只将美育纳入教育工作当中，而且要重视美育的作用，将其作为一门学科对待。

当前，整个社会已经意识到美育的重要性，但是美育教学方法和教材还处于摸索阶段。为了能让广大中小学生有美育书籍可供学习、阅读，我们编写了本书。

本书共分为五章。第一章为美育的基础理论知识，介绍美育的基本含义、学习美育的重要性以及美育与新时代中国思想等内容。通过这一章的学习，学生将对美育有全新的认识。第二章至第四章，主要通过对文化美、艺术美和社会美三个方面的解读，让学生能发现美，接受美，感受美，创造美。第五章为美育实践，将课堂学习与实践相结合，旨在让学生亲自参与到美育实践当中。

本书既符合广大中小学生的阅读习惯，又融合了新时代美育教育内涵。在具体编排上，本书融入了有趣的导语故事，旨在通过故事激发中小学生的阅读兴趣。在内容选取上，本书选择了与现代教育观念相符的案例，能够从多个角度、多个层面满足中小学生美育学习的基本需求。

课堂学习是中小学生获取美育知识的主要方式，但是我们不该止步于课堂。美育存在于生活的每个角落，如何通过学习让学生独立自主地在生活中发现并创造美，才是我们编写本书的最终目的。

编者

2021年3月

# 目 录

# 第一章

让我们一起认识美育

- 美育是什么
- 为什么我们要开展美育
- 怎样成为一个美学家
- 美育是中华传统文化
- 走进新时代美育
- 美育与践行社会主义核心价值观

## 一 ） 美育是什么

### 导读站

随手将一个喝完的可乐瓶投进垃圾桶中，是一种美；面对亮红灯的十字路口，等待信号灯变绿，是一种美；爸爸妈妈辛辛苦苦为我们做饭，由衷地说声"谢谢"，是一种美；聆听一首优美动人的音乐，是一种美；欣赏祖国俊秀美丽的山河风景，是一种美；在科技馆体验了一次"太空翱翔"，身临其境地感受到了神秘的太空，是一种美……

同学们，其实在我们身边，处处存在着美。这么多的美，为什么我们平时没有感受到呢？法国著名的艺术家罗丹曾说："生活中不是缺少美，而是缺少发现美的眼睛。"是的！用心感受，我们会发现，生活中到处充满了美。

那么我们如何去发现"美"呢？让我们走进今天的课堂，一起学习美育吧！

### 美育小课堂

美育，是培养人对自然、社会、文学、艺术、科技等事物的鉴赏、创造、感受的能力。简单地说，美育就是一种美感教育或者审美教育，是一种人文教育或者品格教育。

美育可以理解为一种艺术教育。艺术教育包含音乐教育、舞蹈教育和美术教育等方面，通过学习音乐，同学们可以了解到音乐家在音乐中传递的情感；通过学习舞蹈，同学们的肢体可以更加协调，更容易感受到舞蹈家行云流水的动作之中展现的美感；通过学习美术，同学们更容易用视觉和触觉感受到画作之中蕴含的艺术真谛。

美育又不仅仅是一种艺术教育，它还包含了诸如道德美、自然美、社会美、科技美，等等。学习道德美，同学们可以更加遵纪守法，自律自强；学习自然美，同学们可以更加热爱自然，保护自然；学习社会美，同学们会更加热爱生活，热爱祖国；学习科技美，同学们的思维会更加活跃，能够更加科学地看待世界。通过这些方面的学习，同学们会成为一个拥有美的理想、美的情操、美的品格和美的素养的新时代中小学生。

从深层次讲，人们将美育定位为一种渗透于各个学科中的基础教育。比如数学教育与美育之中的科技之美相结合，语文教育与美育当中的艺术教育结合，等等。这些学科通过相互渗透，相互融合，共同组成了我们所说的"美育"。

### 🎈 美育老师说

通过美育可以促进学生的德、智、体的发展。它可以提高学生思想水平，发展学生道德情操；它可以丰富学生知识，发展学生智力；它可以增进学生的身心健康，提高体育运动的质量；它可以鼓舞学生热爱劳动，热爱劳动人民，并进行创造性的劳动。

我国学校美育的基本任务是：

（1）培养学生充分感受现实美和艺术美的能力。包括培养学生充分感受自然界的美，培养学生对社会美的正确认识和感受社会美的能力，培养学生感受艺术美的能力等。

（2）使学生具有正确理解和善于欣赏现实美和艺术美的知识与能力，形成对于美和艺术的爱好。

（3）培养和发展学生创造现实美和艺术美的才能和兴趣。要使学生学会按照美的法则建设生活，把美体现在生活、劳动和其他行动中，养成美化环境以及生活的能力和习惯。

## 二　为什么我们要开展美育

### 导读站

魏军是一名少先队员，他常常告诉自己：身为一名少先队员，肩负着未来建设祖国的重任，必须时刻努力做个优秀的人。

有一次，魏军在公交车上为一位老奶奶让座，他的同学李明便嘲讽道："装什么好少年呢？谁不知道你自己也想坐！"魏军没有理睬李明，将老奶奶搀扶到座位坐好。

事后，魏军将这件事告诉了美育老师……

### 美育小课堂

春秋时期的圣人孔子说："动之以情，晓之以理。"能够触动我们心弦的，往往都是情感。比如看到父母，我们会感到亲切；看到老师，我们会想到尊敬；看到同学，我们会感到快乐；看到国旗，我们会激发热爱：这些都是我们的情感。

这些情感，有些是我们与生俱来的，有些则是后天养成的，而这也正是美育存在的意义。美育就是通过对同学们情感的培养，使得本能情感变得更加理智，更具有审美性。

#### 1. 美育与社会生活

生活中存在着大量的美，但是这些美都是分散和隐蔽的，如果没有知识丰富、三观端正的人对我们进行引导和教育，我们不但难以发现这些美，反而还会因一些外来因素影响我们对于美的判断。

比如音乐，它分为多个流派，同一流派音乐又有着不同的乐曲创作，有些音乐成为口口相传的绝世名曲，有些音乐平淡无奇很快被人遗忘，还有的音乐粗制滥造。如果没有人教育和引导我们形成正确的审美，我们很容易误入歧途，不辨美丑。

通过美育学习，我们便能更加直观地感受到真实的、被提炼、被凝聚精华的社会之美，并在潜移默化中认识社会、理解社会。

### 2. 美育与德育

道德是我们必须遵循的一种通用准则和规范，它不具备法律的强制力，而是通过人们的习惯和信念来维持。中小学生是祖国未来的接班人，要有良好的道德修养，美育能帮助我们更好地理解道德。它通过用"美"的形象打动我们，让我们树立榜样，更加了解道德，接受道德，并且成就道德。美德和德育相互依存，相互补充，共同影响着中小学生的人格形成。

### 3. 美育与智力教育

智力教育是现代教育当中的重要一环。在传统教育体系当中，智力教育被放在首位。这是一种片面的认识，随着我国教育体系的逐步完善，智力教育在现代教育当中的地位逐渐有所变化，美育渐渐受到重视。美育不仅可以让学生的思维更加活跃，还可以带来更加丰富的想象力，让学生富有逻辑的判断力，这些都有益于智力教育的开展。

在美的学习当中，同学们可以用愉悦的心情了解社会，了解自然，了解更多基础学科，在开拓视野的同时，会更有兴趣学习一些基础知识，更积极地探索科学真理，认识新鲜事物。

### 4. 美育与健康

健康是中小学生旺盛生命力的体现。中小学生的健康不仅仅指体格的健壮，还需要有心理的健康。中小学生可以通过接受美学教育，树立正确的价值观，正确对待挫折和逆境，不断提高自己的心理素质，使自己成长为一个具有独立人格、独立审美情趣的高素质人才。

### 🎈 美育老师说

美育老师告诉魏静："《孟子》当中有一句名言：'老吾老，以及人之老。'它的意思是，在赡养孝敬自己的长辈时，不应忘记其他与自己没有血缘关系的老人。如果大家都能敬老、爱老、助老，人们是不是就不用担心老人独自出行了呢？当一代年轻人老去，还会有新一代敬老、爱老、助老的年轻人出现，这样的社会才会更和谐啊！"

老师还对魏静说："为什么很多人愿意像你一样将自己的座位让给老人呢？因为这些人讲文明，有素质，愿意为了社会的美好做贡献。李明嘲讽你，代表着他没有爱心和同理心，而我们没有必要为一两句嘲讽的话语就改变自己的德行和初衷。"魏静听完美育老师的话，不再难过了。

## 三 怎样成为一个美学家

### 导读站

伯乐是春秋时期一位特别善于相马的人，一群马匹当中，伯乐总能慧眼如炬，辨识出哪一匹马是千里马。

人们常说世间千里马难寻，而唐朝文学家韩愈在《马说》中写道："世有伯乐，而后有千里马。千里马常有，而伯乐不常有。"这句话的意思是，世间先有了伯乐，而后才有千里马。世间的千里马常有，而伯乐却不常有。韩愈认为，世间的千里马有很多，但是发现千里马的伯乐却很少。

其实发现"美"也是一样，"美"常有，而能发现"美"的人不常有。

### 美育小课堂

同学们，我们应当如何发现生活当中的美，成为一个美学家呢？美育专家告诉我们，要善于观察、拓展见识以及独立思考。

#### 1.善于观察

生活中其实处处有风景，只要我们有一双善于发现美的眼睛。当我们匆匆地行走在大街上时，就不会关注到街边的树木、花草、建筑。而当我们放慢脚步，就会发现，街边的景色也很美。

只要善于发现，生活中其实有很多美丽的风景。比如，初春新出芽的嫩叶，夏末嘁嘁叫的鸣蝉，秋末路边盛放的菊花，以及冬天皑皑白雪上人们踏过的脚印。这些风景始终存在，但是我们却从未注意。

想成为一名"美学家"，就要善于观察生活。用心观察风景，我们可以收获许多美好；用心观察人类，我们可以收获很多善意。

### 2. 拓展见识

一些专业领域的"美"，我们要经过学习、拓展见识才能发现。比如王羲之书写的《兰亭序》，如果我们不了解行书的基础知识，看到这样一副字，尽管我们觉得字写得很潇洒，但是却不知美在何处。也就是说，想

要成为一名美学家，就必须学习新的知识，你知道的越多，也就越能发现不同的美。

### 3. 独立思考

学习的知识多了，我们更应当学会独立思考，形成自己的美学观点，而不是听其"大"或者听其"众"。当我们已经对事物有了基本了解之后，我们就要形成自己的观点，从不同于其他人的角度，发现事物的不同美。

只有做到以上几点，我们就能成为一个善于发现美的小小美学家。

### 🎈 美育老师说

朱光潜先生是我国著名的美学家，他在著作《谈美》中提到："人所以异于其他动物的就是于饮食男女之外还有更高尚的企求，美就是其中之一。是壶就可以贮茶，何必又求它形式、花样、颜色都要好看呢？吃饱了饭就可以睡觉，何必又呕心血去作诗、画画、奏乐呢？'生命'是与'活动'同义的，活动愈自由，生命也就愈有意义。"

## 四　美育是中华传统文化

### 导读站

有人说，美育是"舶来品"，因为"美育"一词是由德国诗人席勒创作的，他在《美育书简》中提出了自己的美育思想。他认为，美育可以成就一个人的身心和谐，造就一个人的思维理性，通过个人对美的观念转变，最终社会也能够被改良。

但是，也有人说，美育并不是外来文化，它孕育在我们的传统文化当中，是我国几千年文化的一种形式，它是中国的传统文化。

同学们，你们认为美育是中华传统文化吗？

### 美育小课堂

如果将"美育"概念的提出作为美育的来源，那么美育确实是一个外来词汇，其确实是一种文化"舶来品"。但是如果将美育的思想内涵作为美育的起源，那么美育确实是一种中华传统文化。

中华美学的发展，最早可以追溯至西周。周武王的弟弟周公"制礼作乐"，建立了一套与伦理有关的礼制规范，并且创造了包括诗、歌、舞在内的舞乐制度。而这些内容，也属现代人所说的"美育"的范畴。

不过此时，我国的美育思想并没有一套完整的理论。周公的"制礼作乐"是为统治阶级服务的，它也没有形成一套系统的美育体系。

到了春秋时期，儒家及孔子开始对中国传统美育做出了系统论述。聂振斌在《中国美育思想述要》中指出："现有的思想资料说明，中国古代审美教育乃至整个教育思想最早产生于春秋时代早期，经过孔子及儒家的进一步发挥，才形成较系统的理论。"著名诗人王国维也评价孔子"始于美育，终于美育。"

孔子以"仁"为核心思想，在教书育人上，常常从情感入手，对弟子进行规劝教育，使之心悦诚服地接受教导，并将这些内容内化于心。这与现代美育的一些思想不谋而合。现代美育，也是希望通过情感教育，让学生在情感上认识美，感受美，实践美。

孔子之后的思想家也对中华传统的美育思想进行了探索。经过几千年的发展，我国的传统文化已经与美育融会在了一起。也就是说，中国传统教育当中，尽管从未提及"美育"的概念，但是美育却融入了教育体系的每个角落。

不过，古代的美育并未成为一个单独的学科，人们虽然学习美育，但是并没有将美育与基础学科区分开。直到中国近代教育家蔡元培将美育的思想引入中国，美育才成为一门独立的学科。

蔡元培认为，近代的中国人有这样一个坏毛病："汲汲于近功近利，而毫无高尚之思想。"想要从根本上解决这个问题，就需要用美育教育治疗。以往的传统教育，是用枯槁、抽象的说教教育学生，这种方法并不利于学生的价值观形成，如果以生动、形象的情感陶冶学生，学生便能更有效地接受新鲜事物，接受新鲜观点。

蔡元培之后，有更多的学者加入了美育普及当中，他们都为美育实践做出了杰出贡献，中国也有了一套自己的美育思想体系。

### 🎈 美育老师说

中国近代，虽战乱纷争频发，教育界却涌现了不少新学者，他们凭借着自己对于教育的理解，对传统教育体制进行了改革，为中华民族的思想解放奠定了重要基础，蔡元培便是其中之一。

同学们，你们还知道哪些与美育有关的学者呢？请同学们互相讨论，互相交流。

## 五　走进新时代美育

### 导读站

芳芳最近发现，《新闻联播》里主持人总是提到"新时代美育"这个新词汇。到底什么是新时代美育呢？芳芳对此十分不解。为了搞明白这个问题，芳芳找到了语文老师，希望老师能为她解答。

老师没有直接回答芳芳的问题，而是问芳芳："你觉得美育起源于什么时候呢？"

"这个问题我知道！我们之前已经学过了！几千年前我们国家就有美育了！"芳芳骄傲地回答。

老师告诉芳芳："对！随着时代的发展，美育的内涵也要适用于新时代，所以我们才要学习新时代美育……"

### 美育小课堂

同学们，美育是中华传统文化，但是传统并不代表着完美。传统美育也会存在一些缺陷，比如，传统美育思想与新时代的脱节，传统美育教育方式与新时代教育的不匹配等。也就是说，传统美育已经不再适用于新时代了，作为新时代少年，需要学习新时代美育。

2014年10月15日，习近平总书记在文艺工作座谈会上提出"传承和弘扬中华美学"这一命题，习总书记指出："中华优秀传统文化是中华民族的精神命脉，是涵养社会主义核心价值观的重要源泉，也是我们在世界文化激荡中站稳脚跟的坚实基础。要结合新的时代条件传承和弘扬中华优秀传统文化，传承和弘扬中华美学精神。"

同学们，当今世界是一个迅速交融的世界，众多的新思想像礼花一样争先绽放，传统美育作为一种历史悠久的教育形式，不能完全从新时代中消失，而是应当站稳脚跟，一方面要不被世界文化所侵袭，另一方面，要顺应时代的潮流，进行符合国情的改变。

在美育教育中，我们应当传承和发展中华传统美学精神，将美育植根于中小学生的心底，推动美育与基础课、课外实践与中华传统美德相结合，在潜移默化中增强学生创造、鉴赏、感受美的能力。

2017年9月，中共中央办公厅、国务院办公厅印发了《关于深化教育体制机制改革的意见》，文件指出，我国现阶段的教育应当"着力培养德智体美全面发展的社会主义建设者和接班人，为实现'两个一百年'奋斗目标、实现中华民族伟大复兴的中国梦奠定坚实基础。"

现阶段的人才培养，不仅关乎个人的前途，更关乎民族的未来。未来的我们不仅仅应是一个具有优秀道德素养的人，更应当是国家的接班人，是中华民族实现伟大复兴的参与者。为了实现这一目标，同学们，我们更应满足新时代美育的新要求。

### 1. 新时代美育要求全面发展

新时代美育要求中小学生身心要全面发展，广大中小学生要充分学习和了解文学、绘画、戏剧、舞蹈、音乐、影视、建筑、雕刻等艺术形式，在多种多样的艺术当中，启迪思想，温润心灵，陶冶人生。中小学生要树立积极健康的人生观、价值观、社会观，培养坚定的信念、正确的爱国情怀和良好的社会担当，最终成为一个拥有健康人格、美好心灵、全面发展的新时代学生。

### 2. 新时代美育要求爱国为民

新时代美育要求中小学生要有热爱祖国、热爱家乡的崇高思想。无论是传统美育还是新时代美育，其中都蕴含着爱国为民的思想。同传统美育相比，新时代美育不仅要求中小学生热爱祖国和故乡，更重要的是要培养中小学生用美的理念、创意为人民服务的意识，最终使每一个中小学生都能成为有高度社会责任感的时代新人。

### 3. 新时代美育要求民族复兴重任

中小学生的成长关乎中华民族的未来和中华民族的伟大复兴。中小学生要肩负起民族复兴的使命，必须要着眼现实，放眼未来，将美育精神内化于自己的身体中。新时代美育要求"以美育人，以美化人，以美培元"，通过审美的教育，中小学生最终应当认识到中华民族命运与个人命运的关系，着眼于伟大民族复兴，摒弃功利的束缚，成为一个为民族复兴而努力的新时代学生。

**美育老师说**

中华民族的伟大复兴需要广大中小学生的参与。当下，每一位同学都应该做到热爱学习，热爱祖国。通过学习，了解到自身的不足，并且不断努力，使自己成为一个拥有丰富知识积累的新时代学生。同时，每个同学都应当加强对于艺术的品鉴，提升自己的艺术鉴赏能力，发现祖国和人民所蕴含的美。

## 六　美育与践行社会主义核心价值观

### 导读站

在一次主题为"美育与践行社会主义核心价值观"的班会上，冬冬站起来向刘老师提问："社会主义核心价值观是什么呢？"

刘老师让冬冬坐下后，告诉同学们："社会主义核心价值观是富强、民主、文明、和谐，自由、平等、公正、法治，爱国、敬业、诚信、友善，虽然只有二十四个字，但是它却充分体现了我国人民对于美好生活的向往。比如，富强，是不是只有我们的祖国繁荣富强，人们才能有好生活呢？再比如，诚信，如果大家都诚实守信，人际交往才会更快乐，社会也才更和谐。"

刘老师的话音刚落，就有好几位同学同时提问："老师，那这和美育有什么关系呢？"

"别着急，老师这就带领同学们一起了解它们之间的关系！"

### 美育小课堂

习近平总书记指出："只要是中国人，就应当自觉培育和践行社会主义核心价值观。"社会主义核心价值观，是新时代中国特色社会主义的灵魂，是中华儿女实现中国梦的核心力量，是我国素质教育的根本要求。

在日常的生活中随处可见社会主义核心价值观的宣传，作为新时代接班人的中小学生，对社会主义核心价值观的理解仍处于懵懂阶段。在新时代的教育中，必须将社会主义核心价值观融入中小学生的生活，融入中小学生的心灵深处，而美育有助于中小学生践实社会主义核心价值观。

### 1. 社会主义核心价值观与美育思想具有一致性

通过前几课的学习，相信同学们已经对美育当中的"真善美"有了一定的理解，社会主义核心价值观同美育一样，也蕴含着"真善美"，它们在内容和目标上具有一致性。美育同社会主义核心价值观一样，都是教育人们善良、宽容、守法、道德、爱国。美育通过潜移默化的教育提高我们的情操，通过学习美育，我们会逐步拥有自己的审美思想、审美情趣和审美价值，最终美育使我们成为一个综合素养很高的人。践行社会主义核心价值观要求我们能够创造和谐社会，明辨善恶是非，最终成为一个德才兼备的社会主义接班人。所以美育与社会主义核心价值观的最终目标也具有一致性。

### 2. 美育有助于更好地践行社会主义核心价值观

同学们可能会有这样的问题：我们虽然能够从字面上理解社会主义核心价值观的意义，但是却不知如何践行。美育则是将"美"的思想以教育的形式输送给我们，教会我们如何做一个合格的人。非说教式的美德教育是我们更能接受的教育形式，在听、看、感受、学习的过程中，我们能够慢慢理解"真善美"的内在意义，从而深刻理解社会主义核心价值观的基本要求，以更加具体的行动，去做一个新时代社会主义接班人。

### 3. 美育更能激发青少年践行社会主义核心价值观

在美育教育中，核心价值观的二十四字方针被形象化、具体化、生动化为一个个具体的故事、事件和事物，对于尚在学习期的我们而言，更具有学习的趣味性。通过情感的深入感受，我们更能体会到社会主义核心价值观的深刻内涵。

为了更好地践行社会主义核心价值观，中小学生应当更加积极主动地学习美育、探索美育、发现美育当中蕴含的社会主义核心价值思想，并将其运用到生活与学习当中。

### 🎈 美育老师说

"千里之行，始于足下"，无论是美育的学习还是社会主义核心价值观的学习，都是一个长久且需要坚持的过程。在形成正确价值观的重要时期，同学们更应当积极汲取"美"的内涵，从生活中的一点一滴做起，学习优秀、虚心求教、严格要求、时刻反省自己！

# 第二章 文化之美，弘扬中华传统文化

- **文学之美：品味唐诗宋词**
- **服饰之美：锦绣衣冠——汉服**
- **礼乐之美：中国是礼仪之邦**
- **建筑之美：精致典雅的苏州园林**
- **书法之美：篆隶楷草各具特色**
- **棋艺之美："天圆地方"的智慧**
- **茶道之美：以茶为媒的健康生活**

## 一 文学之美：品味唐诗宋词

### 导读站

一天，文文和小凡因为新学的诗词争论了起来，文文认为：唐诗的句式工整，读起来气势磅礴，唐诗是文学之最。小凡不认同文文的看法，他认为：句式工整的唐诗不如宋词的长短句更有韵味，读宋词更能感受到词人内心的细腻。争辩无果的文文和小凡找到语文老师，请老师为他们评判高下，老师告诉他们："唐诗宋词都是中华文化的瑰宝，它们各有奇妙之处，并不能以谁好谁坏评估……"

### 美育小课堂

唐诗和宋词常常被人们称为中国文学史上的两颗明珠，它们虽然有着不同的特点，但是却同时被人们喜爱。

在解读唐诗宋词时，我们不仅要学会品味诗词的语言，还要从诗词背后的情感来体味诗人希望表达的思想，通过情感的感悟与作者对话，从而更深层次地感悟到诗词的魅力。下面我们以李白的《渡荆门送别》和苏轼的《水调歌头·明月几时有》为例来品味唐诗和宋词。

渡荆门送别

李白

渡远荆门外，来从楚国游。

山随平野尽，江入大荒流。

月下飞天镜，云生结海楼。

仍怜故乡水，万里送行舟。

水调歌头·明月几时有

苏轼

丙辰中秋，欢饮达旦，大醉，作此篇，兼怀子由。

明月几时有？把酒问青天。不知天上宫阙，今夕是何年。我欲乘风归去，又恐琼楼玉宇，高处不胜寒。起舞弄清影，何似在人间？

转朱阁，低绮户，照无眠。不应有恨，何事长向别时圆？人有悲欢离合，月有阴晴圆缺，此事古难全。但愿人长久，千里共婵娟。

## 1. 读诗词的语言、文体

诗词的语言、文体是诗词情感表达的直接方式，通过读诗词的语言和文体，我们能初步了解诗词所要表达的含义。

《渡荆门送别》是一首五言唐诗，通过描写诗人经荆门进入楚国境内的景色来抒发情感。全诗当中没有晦涩难懂的字眼，但是单字运用又极富韵味，如"山随平野尽"中的"随"，一字便将山水场景的变换、推移活灵活现地展示在我们面前。《水调歌头·明月几时有》属于宋词，词中以月起兴，围绕中秋的圆月展开想象与思考，多次发出提问，以表达诗人圆月当空时思乡、思人之情。

**2. 读诗词的背景、情感**

了解创作背景是理解诗词的基础。《渡荆门送别》是诗人李白从家乡出蜀漫游途中写下的诗篇。李白创作此诗时正处于意气风发的青年时期，他渴望前往更加繁华、遥远的城市实现自己的抱负，因此此时他的情感是激动、向往的。"仍怜故乡水，万里送行舟"一句，以故乡江水送别行舟的描写方式，侧面表达了诗人对故乡的怀念。

而《水调歌头·明月几时有》则不同，此词的创作时间为苏轼在密州当差、久久不得与家人相聚时所作。远离京城为官的苏轼，在多地任职，他曾上书请求皇帝能将他调到与弟弟苏辙相近的地方，以便兄弟相逢。但是事与愿违，他的愿望始终没有达到。在正是家人团聚的中秋佳节，他望着一轮皓月，思念起远在他乡的亲人。此时的他是伤感的、失落的。在这种伤感之下，通过思考月的阴晴圆缺，他想到人生的起伏跌宕。但即使在逆境之中，他也怀着美好的希望，向往着"千里共婵娟"。

当我们了解了诗词的创作背景，再通读诗词，就能更好地理解诗人所要表达的感情了。

**3. 读诗词的意境、韵味**

诗词一般采用借景抒情、托物言志、以景寓情的抒情方式。作者在创作诗词时，常常会将自己的感情融入诗词当中，读者则可以通过作者对景色的描写，对环境的烘托，了解作者真正想要表达的情感、意境。

在《渡荆门送别》中，李白是通过景色描写，借景抒情。"月下飞天镜，云生结海楼"，作者以倒影江水中的圆月反衬江水的平静，以云彩结成的海市蜃楼衬托江水的辽阔，在这宏大的场景当中，天空高远，江水徐徐流动，与以往作者在蜀山山峦起伏的场景不同，这里的世界是新鲜的、广阔的、自由的、浪漫的。通过作者对于环境的描写，我们更能够感受到那种辽阔的意境，感受到作者的欣喜、愉悦之情。

在《水调歌头·明月几时有》中，苏轼则是以物言志。他通过对月的描写，对月的提问，将自己的情感抒发出来。如"转朱阁，低绮户，照无眠。不应有恨，何事长向别时圆？"一句，圆月洒下的月光转过朱红的阁楼，映在雕花的窗台，照着尚未入眠的苏轼。月亮不应对人们有什么怨恨啊，却为何一定要在人们分别时转圆呢？苏轼通过描写月光的寂静和自己难以入眠的场景，为读者营造出一种伤感的意境，再通过对月亮的提问，直抒胸臆地表达自己对于月圆而人离散的怨恨。

唐诗宋词，不仅美在诗词的声韵、语言和画面，更美在其中蕴含的人生哲理和作者的内在情感。通过多方面鉴赏唐诗宋词，我们更能体会到作品蕴含的深意，感受古往今来、代代相传的诗意情感。

### 🎈 美育老师说

诗词中表达的情感既可以是含蓄的，也可以是狂放的；既可以是婉约的，也可以是平淡的。这些情感都是古人对于生活的体味。当我们结合时代背景了解了诗人，我们对于诗人的作品便能有更好的理解和更深刻的感悟。

## 二 服饰之美：锦绣衣冠——汉服

### 导读站

近年来，城市的街头巷尾有越来越多穿着汉服的青年涌现，婚礼现场也有不少年轻夫妇选择以传统服饰作为自己的礼服。汉服，逐渐成为人们当下追捧的衣着符号。当问及青年人为何选择汉服出行时，他们答道："汉服是美的！""汉服不仅是一种衣着，也是一种文化符号，它承载着中华民族古朴的文化历史，是中华传统文化的一部分！"

同学们对汉服的了解有多少呢？这堂课，就让我们一起来了解传统服饰——汉服！

### 美育小课堂

汉服，是包含冠饰、发饰、衣饰、鞋等共同组合的整体衣冠系统。汉服并不特指某一形制的服装，在漫长的时间里，汉服也有不少的变化，但是这些服装却均有以下特点：

（1）宽大飘逸。同学们，观看古装电视剧时我们常常能看到许多宽大的服饰，这便是我国汉服的最突出特点——衣袖宽大，飘飘欲仙。宽大的袖子，长长的腰带随风飘扬，这是汉服的特色。因衣物宽大而繁长，穿着汉服站立之时，常常会使人产生一种威严庄重之感；而行走之时，衣物随风而起，随着人体的动作而形成优美的流线，呈现出别样的洒脱和飘逸。

（2）圆袖右衽。汉服的衣袖一般为圆袖，意为"天道圆润"。古人认为，天为圆，地为方，而人们以天为尊，故而衣袖也为圆袖。

汉服采用"右衽"的交叠方法，即，汉服的衣领与衣襟相连，衣襟在胸前交叉，并以左侧衣襟压住右边衣襟。同学们知道右衽产生的原因吗？其实，古人采用右衽的交领方法，一方面是人们习惯右手劳作，左襟压右襟更符合人们的生活习惯；另一方面，西周建立的礼仪服饰规范中，将"左衽"视作丧服，而这一习惯在服饰演变中被保留。

（3）上衣下裳。汉服分为上下两个部分，上为衣，下为裳。上衣常采用四片衣料缝制，四片衣料分别意味着春夏秋冬四季，表达了人们对于四季的敬畏。下裳常采用十二片衣料缝制，这十二片衣料则代表一年的十二个月，表达了人们对于新一年的期许。

（4）图案繁多。汉服的图案使用现实中的花草动物图案。例如，官服按照官员品阶的高低，分为不同的动物图案，即不同的图案代表不同的品阶。明朝的行政书籍《明会典》中记载的百官常服所绣的花样："公、

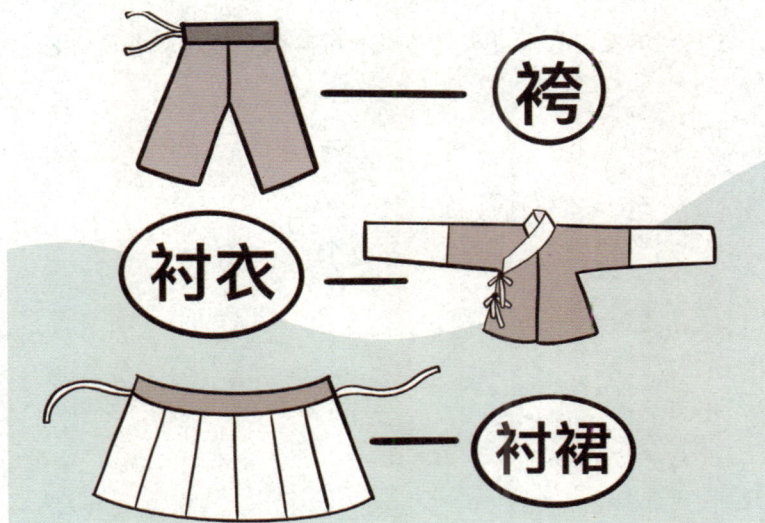

侯、驸马、伯服绣麒麟、白泽。文官一、二品仙鹤锦鸡；三、四品孔雀云雁；五品白鹇；六、七品鹭鸶鸂鶒；八、九品黄鹂鹌鹑练鹊。风宪官用獬豸。武官一、二品狮子；三、四品虎豹；五品熊罴；六、七品彪；八品九品犀牛海马。"

除了动物外，汉服还常常采用葡萄、葫芦、莲花、牡丹等植物图案，这些图案有吉祥的寓意。如古人在衣衫上绣牡丹，代表古人渴望一生富贵；衣衫绣莲花，代表他们希望自己品行清廉；等等。这些图案也表达人们对于自然的敬畏和向往天人合一的心愿。

同学们，只有美好的艺术形式才能为大众接纳。汉服之美，不仅仅在于其华美的外表、精美的制作，更在于千年来人们寄托在衣物上的美好愿望。

### 美育老师说

有人说，汉服是一种过时的文化，已经不适合人们的日常需要，它宽大不便，肯定会被简易服装所取代。你对此怎么看呢？

## 三　礼乐之美：中国是礼仪之邦

### 导读站

南北朝时期的齐国，有一个叫陆晓慧的人，他才华横溢，博闻强识，在朝廷担任过众多官职。陆晓慧虽然官阶很高，但却从不因此而骄傲自满、目中无人。每当有低阶官员来到家中拜访，陆晓慧均以礼相待。等到客人离去时，他还要起身相送，直到客人的身影在人流中消失。

他的下属对于此种行为十分不解，便问陆晓慧："大人身居高位，不管对谁都是彬彬有礼，这样是不是有些失身份呢？而且这样以礼待人，大人又得不到什么好处，大人为何要如此日复一日地坚持呢？"陆晓慧答道："欲先取之，必先予之。我想让所有的人都尊重我，那我就必须尊重所有的人。"

### 美育小课堂

中国素来被称为"礼仪之邦"。荀子曾说："人无礼则不生，事无礼则不成，国不礼则不宁。"一个人，一件事，甚至是一个国家，如果没有礼仪，便不能立足。只有人们遵守礼仪，社会才能更加文明。作为新时代的中小学生，我们应当遵从哪些礼仪呢？

#### 1. 尊老爱幼

尊老爱幼是我国的传统美德，在当今社会，它仍然是我们应当遵守的道德规范。尊老爱幼这一美德起源于我国的原始社会，在人类尚未分家庭居住的时候，老人和儿童是氏族当中的被保护者。他们没有劳动能力和生活能力，如果人们不照顾他们，他们很容易死亡。为了保证种族的延续，有能力的青年就负担起了照料老人和儿童的责任。

这种观念也被延续到现在。老人和儿童在生活中会有很多不便。为了帮助老人和儿童，让整个社会更加和谐，我们应当发扬尊老爱幼的传统美德，以实际行动贡献一份力量。

### 2. 礼尚适宜

礼尚适宜是指在合理限度内尊重礼仪，尊重礼俗。在我们的社会当中，有很多人们约定俗成的礼仪，在很多活动中需要我们遵循一定的礼仪规范。对于这些礼仪规范，我们应当在合理的范围内选择性遵守。

比如丧葬，人们本着对逝者的尊重，要为其准备丧葬仪式，在仪式上有的地方需要穿着白色衣服，有的地方需要穿着黑色衣服，对于这些符合常理的礼仪我们应当遵守。而对于有些不合常理的礼俗，我们则应当摒弃。比如，有的地方办丧礼要求守丧之人痛哭三天三夜，丧礼宴席铺张浪费等，对这些不合理的习俗要采用合适的方法拒绝。

### 3. 仪容端正

仪容仪表是一个人修养的体现。中小学生在仪容方面应当做到以下三点：

（1）衣着容貌大方得体。新时代中小学生应当做到衣衫整洁、体貌端正。人们对于衣衫整洁、体貌端正的人有着自然的好感，谁也不愿意接触衣冠不整、鞋袜不正的人。为了展示我们作为中小学生应有的精气神，我们就应当维护自己的外在形象，保证面对他人时干净整洁，但不要过分打扮。我们的衣着打扮应当符合自己的年龄和生活环境，切不可矫揉造作，浓妆艳抹。

（2）行为举止优雅端庄。举止是一个人外在的另一种表现形式。古人云："站如松，坐如钟，行如风。"这句话的意思是站立要像松树一样挺拔，坐要像钟鼎一样稳重，行走要像疾风那样利落。也就是说站立或者行走，都应当有相应的姿态。我们还应当努力做到举止端庄不轻浮，不在公共场合大声喧哗，不随地吐痰，不乱扔垃圾，努力成为举止大方的新时代中小学生。

（3）言辞礼貌。语言是人际交往的重要工具，也是我们思想道德的一面镜子。礼貌是人们交往的第一要求。一句骂人的话语，会让人心生反感。因此在人际交往中，我们应做到文明礼貌，言辞合理，不应肆意辱骂、讽刺他人。

此外，我们还应做到言谈诚信。《论语》中讲："言必行，行必果。"这句话的意思是，人一旦许下某种承诺，就必须行动起来；如果行动起来，就一定要有结果。中小学生的言辞应当言出必行，自己做出的承诺就要努力实践，不应当半途而废。

中小学生应当时刻将文明礼仪放在心中。只有每个人都将礼仪视作必备的生活习惯，积极践行，我们的社会才能变得更加和谐。

### 🎈 美育老师说

礼仪会影响中小学生的日常行为、道德素养、心理素质，它是中小学生在社会化过程中必不可少的学习内容。中小学生讲究礼仪，不仅代表其个人素质的提升，更代表社会良好风气的提升。

## 四 建筑之美：精致典雅的苏州园林

### 导读站

今年暑假，晶晶跟随爸爸妈妈一同到苏州旅游，他们游玩的第一站，便是著名的苏州园林。来到苏州园林之前，晶晶就听许多同学说过，苏州园林不仅面积巨大，还有着各种美丽的景色。亲眼看过之后，晶晶才真正体会到苏州园林的美丽……

### 美育小课堂

同学们有没有听过"上有天堂，下有苏杭"的俗语呢？苏州，是一座典雅秀丽的城市，这里有着名闻天下的精致园林，园中一草一木、一山一水看似构造精巧却又浑然天成，构成了一副和谐、精致、静雅的山水画面。

#### 1. 园林景色的和谐美

苏州自古便是富饶的"鱼米之乡"，尤其是在明清时期，这里的经济更是发达。加上明朝匠人工艺的提升和士族造园热情的高涨，苏州涌现了一座又一座古园林。

园林之中亭台楼阁、假山壁垒、水池树木错落起伏，相互掩映，众多人工制造的器物和自然生成的精致相融合，构成了一副和谐美妙的景色。

中国人崇尚返璞归真、天人合一，而苏州园林则将这种思想融入了园林的营建中。在这里，我们可以体会到人与自然的和谐统一，山水相依的和谐统一，动静结合的和谐统一。在有限空间内，自然美景与人工景致合而为一，浑然天成，仿佛是自然形成的和谐画面。

### 2. 园林景色的精致美

远处看，苏州园林的景色如诗如画，山水交映；近处看，苏州园林又精致典雅，结构奇巧。如果你仔细观察园林中的亭台楼阁，便会发现这些建筑上的图案设计和雕镂琢刻特别精巧。

建筑门窗上雕刻的花纹精致而不庸俗，简约而别具匠心。光影在这些精巧绝伦的花纹之中流转，树影、人影与之融为一体，任谁看了都要夸赞这独具匠心的工艺设计！

### 3. 园林景色的静雅美

"禅意"是苏州园林的另一种意境。去过故宫的人们，能感受到故宫宫殿的恢宏雄大，但来到苏州园林，同学们会感觉到人仿佛消失在园林之中，层层叠叠的山水楼阁将人与人的距离隔开，使人更能超然物外，沉心静气地欣赏自然景色。

长廊、花窗、假山、水流都是用来分割空间的好物，匠心独运的造园人，将有限空间分割成迂回盘旋的小道。在这里行走的人们，仿佛置身于深林之中，园中偶尔迭起的蝉鸣鸟叫，更使人感受到"蝉鸣林逾静，鸟鸣山更幽"。

苏州园林之美，其实也源自一种人文精神。古人在动荡起伏的朝局之下，通常会产生淡泊人生的想法。他们期望像陶渊明一样"采菊东篱下"，于是便将山水景致搬迁到园林建筑中，以悠然的姿态隐匿其中，远离尘世喧嚣，不被身外之物所束缚。

苏州园林之美，不仅在于它精妙绝伦的设计，更在于其中所蕴藏的人文精神，在这里，我们虽处园中，却似在山林，在自然美景之中，犹能感受到文人骚客的雅趣。

### 🎈 美育老师说

技术进步改善了我们的生活环境，改变了城市的外貌，在一座座矗立的、千篇一律的高楼大厦外，中国还有很多形态各异的建筑。同学们，你们还知道哪些令你印象深刻的建筑呢？

## 五　书法之美：篆隶楷草各具特色

**导读站**

　　刚刚学习书法的王小米最喜欢楷书，因为楷书横平竖直，结构最为规矩整齐。王小米最讨厌的是草书，觉得草书字迹潦草，常常有好多字一笔带过。但是，书法老师却告诉小米，草书并不是她想象的那样杂乱无章，草书的书写并不是随心所欲的，如果仔细观察就会发现草书书写的章法。

**美育小课堂**

　　同学们了解书法的变迁历史吗？我们现在熟悉的楷书，其实并不是中国书法的起源。中国书法的字体变化经历了甲骨文、篆书、隶书、楷书、行书和草书等阶段，这些阶段的书法都各有特色，自成一派。

### 1. 甲骨文

　　甲骨文，又称"契文""甲骨卜辞"，是我国目前能看到的最早的文字。甲骨文常常具有对称、稳定的结构，它的线条一般严整瘦劲，曲直粗细均备，笔画转折多方，直起直落。

　　为什么甲骨文要这样书写呢？甲骨文的这种书写特点源于书写材料的独特，当时人们用刀将字契刻在龟甲或者兽骨之上，这些材料坚硬，人们难以将笔画刻得柔和。由于起刀和收刀直起直落，因此其笔画线条多呈现中间粗、两端细的形态。

## 2. 篆书

篆书分为大篆和小篆，是甲骨文后出现的一种字体。

大篆是指金文、籀文、六国文字等字体，其保留着古代象形文字的特点，其笔画较为匀圆、工整，形体较为方正。

小篆则是在大篆基础上发展出来的一种文字。在秦朝以前，各国的文字尚不统一，秦始皇统一六国后，为了方便管理，将文字统一为小篆。小篆单字呈长方形，上下比例大概为3：2。笔画一般横平竖直，粗细均匀，对称平衡。书写小篆，讲究用笔起收不露痕迹，藏头护尾，圆滑劲健。小篆书法家往往将其自然延展，一笔一画以合适的比例书写于纸上，不因其笔画多而显得烦琐，反而舒适而和谐。

## 3. 隶书

甲骨文和篆书都是象形文字，书写起来较为繁杂，为了简化书写，新的字形——隶书便出现了。

隶书可以说是文字笔画化的开始，它简化了篆书笔画，又将小篆均匀圆润的线条改为平直方正的笔画。它的字形多呈宽扁状，笔画横长竖短，讲究"蚕头燕尾"，即笔画起笔凝重，结笔轻、快。

起源于秦朝的隶书，在东汉时期达到顶峰。东汉时，隶书的笔画均向上挑起，轻重顿挫之中有了更多变化，更加具有书法的艺术之美。

### 4. 楷书

楷书，又叫作真书、正书，是由隶书演变而来的一种字体。相较于隶书，楷书更加简化，笔画更加竖直。它的特点是形体方正，笔画笔直。

自汉末楷书被发明以来，我国楷书便开始了其悠久的演化历史。最初的楷书还保留有极少隶书笔画的特点，结构稍显款长。到了楷书发展最盛的唐朝，楷书书法已经成熟，此时，唐朝出现了一批极为有名的楷书书法家，如颜真卿、柳公权等。

这些书法家的楷书作品虽各有千秋，但总的来说都具整齐一律的特点，楷书的字与字、行与行之间的距离相近，字体之间的宽窄、长短不同，使得楷书整齐而不呆板。

### 5. 行书

行书是在楷书基础上发展出的一种字体，其章法介于楷书与草书之间。楷书字形方正，字间距相同，因此书写速度较慢，为了满足人们快速书写的需要，行书应运而生。

行书字形既不像楷书那样端正，又不像草书那样潦草不可辨认，它追求书写端正平稳，结构相互牵连。行书的点画多以露锋入纸，以简笔笔画代替繁杂笔画，以钩、挑、牵丝来加强点画的呼应，笔画之间的转折更加圆润。

行书字与字之间大小不同，笔画之间大都以"丝"相连。也正是因为这一特点，行书的书写更为活泼、轻松。人们在书写时不用固定于一笔一画，轻重挥画之间，行书就已经完成。

### 6. 草书

草书起源于汉初，在隶书的基础上演变而来，是一种较为狂放的字体。最早的草书，只是为了便于人们写作。人们为了加快书写速度，便将字的笔画省略，将字的结构打散。这一方法虽然提高了书写速度，却让字形变得极难辨认。随着时代的发展，草书的写法逐渐统一，草书的书写也出现了一些章法。这时的草书，被人们称为章草。章草有着约定俗成的规范，但是其书写又极为灵活。

人们在书写章草时，常常以某一固定的符号代替字的某一部分，使得章草的辨识度得到改进。章草虽笔画相连，但是其字与字却独立区分。对于一些难写的字形，其并没有进行过多的简化。

今草则与之不同。今草是继章草之后出现的一种草书，它是对楷书的一种简化。今草的字与字之间笔势牵连相通，末笔常常与起笔相连，字虽有简化规律，但是相比于章草，其字形更难辨认。

更晚一些，到了唐朝，草书演化为一种艺术形式，形成"狂草"。这时人们已经不再是将草书作为一种传递信息的工具，其已然变成了一种书法家展示情感的出口。

近代著名思想家梁启超说："美术一种要素是发挥个性，而发挥个性，最真确的莫如写字。如果说能够表现个性就是最高的美术，那么各种美术，以写字为最高。"书法，作为一种以线条传递力量、传递美的形式，在中华文化当中独立一家，它在数千年的变化中被使用，被创新，被发展，被组合，最终组成中华文化当中流光溢彩的一部分，成为中华文化的符号。

## 🎈 美育老师说

同学们，在当前阶段，我们最应该练习的书法是楷书。颜真卿、柳公权是著名的楷书书法家，除了他们，同学们还知道哪些有名的书法家呢？他们有哪些作品呢？

## 六　棋艺之美："天圆地方"的智慧

### 导读站

放暑假了，爸爸带着小乔去少年宫上书法课。

路过一楼的围棋室时，小乔好奇地问："爸爸，我只会下五子棋和跳棋，围棋怎么下呀？"爸爸笑着说道："这可把我问住了，咱们还是一起去看看吧。"

小乔进了围棋室，发现里面的人很多，大家都是两人坐一张桌子，一人拿白子，一人拿黑子，桌上是一个古色古香的方形棋盘，棋盘上有很多小格子。

"这不就是五子棋嘛！"小乔说道。

这时，一位老师模样的人走了过来，轻声对小乔说道："小妹妹，围棋和五子棋可是完全不同的两种棋。而且，围棋室要注意保持安静，不然会打扰到棋手。你要是对围棋好奇，可以在旁边观看，围棋真的很有意思。"

小乔不好意思地吐了吐舌头，在一旁静静地观战。

### 美育小课堂

在古代，围棋是很受欢迎的一种活动。围棋起源于中国，古称"弈"，是一种策略性很强的双人棋类游戏，属琴棋书画四艺之一。

春秋战国时期，我国就出现了关于围棋的记载。隋唐时期，围棋经朝鲜传入日本，随后又传入西方国家。目前，围棋主要流行于中国、韩国、日本等东亚国家。

围棋深受古今文人雅士的欢迎，也因此衍生出不少动人心魄的故事。

提起四岁让梨的孔融，同学们应该都不陌生。孔融是东汉末年的名士，但因为得罪曹操，连累全家都要被抓去问斩。

当时，孔融的儿子（9岁）和女儿（7岁）正在下围棋。周围人劝他们赶紧逃命，可兄妹二人却说"覆巢之下，安有完卵（哪里有毁掉鸟窝，鸟蛋还能平安无事的呢）？"于是，兄妹二人安安静静地下完一盘棋，然后跟随官兵去了行刑场。

就这样，"覆巢之下，安有完卵"成了著名的成语流传至今，而孔氏兄妹所下的棋局，也被后世称作"最淡然的棋局"。

围棋棋盘有纵横（竖横）各19条直线，直线将棋盘划出361个交叉点，棋子有黑、白两种，棋子要落在交叉点上，然后双方交替行棋。

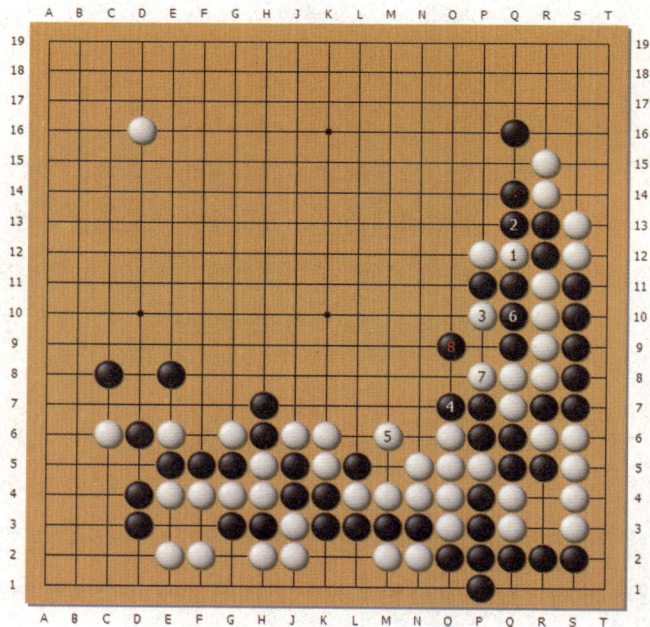

古时候下棋是由白棋先行，而现代围棋则是黑棋先行。棋子落在棋盘上便不可移动，最后，谁围的地盘多，谁就是胜利的一方。

围棋历史悠久，内涵丰富，距今已有4000多年的历史了。几千年来，围棋一直受到知识分子的追捧。这些人有身份地位，也有学识修养。因此，下围棋的人都格外重视围棋礼仪。

执黑棋的一方，第一步应下在己方右上角。这是为了将左上角让给对方，表示对对方的尊重。对局时，双方不能讲话，要保持安静，否则就是故意扰乱对方思路，是不礼貌且不道德的行为。复盘（围棋术语，指对局完毕后，复演该盘棋的行为）结束，准备离开座位时，要将棋具收拾整齐，并向对方行礼。

围棋虽然只有寸尺见方的一片小天地，但其中的奥妙与内涵，就像星辰大海一般浩瀚无穷，值得人们不断发掘。

### 🎈 美育老师说

围棋常见的术语有"虎""尖""长""并""顶"等。

就拿"虎"来说吧。虎的基本意思是在棋盘上呈现"尖形二子△点"的基础上再落一子，形成一个"品"字结构。

虎包含虎口、双虎等术语。所谓虎口，就是三颗棋子包抄对方，如同一只张开血盆大口的老虎，将对方的棋子吃掉；所谓双虎，就是由三颗棋子构成两个断点，只要再落一子，就可以形成两个虎口，让对方棋子无路可逃。

围棋布局讲究"金角银边草肚皮"，大家知道这是什么意思吗？

## 七 茶道之美：以茶为媒的健康生活

### 导读站

小希最喜欢去爷爷家，因为爷爷退休后，在家里养了很多漂亮的金鱼，还有很多好茶。

听爷爷说，金鱼的品种有文种、龙种、草种、蛋种四类。其中，草金鱼是最好养活的，也是小希最喜欢的品种。除了金鱼，爷爷家还摆着不少瓷瓶、砚台、印章、字画等。闲暇时刻，爷爷便沏上一壶好茶，一边观赏金鱼，一边把玩这些小物件。

小希坐在爷爷的藤椅上嗅着满室茶香，忍不住说道："爷爷，我什么时候才能'退休'呀？您这日子，比我过得舒服多了！"

一番童语引得爷爷哈哈大笑，爷爷的退休生活，也因为茶和玩物而变得丰富多彩。

### 美育小课堂

饮茶与吃饭一样，是中国人最习以为常的一种生活方式。

饮茶是一种修身方式。喝茶能静心、静神，有助于陶冶情操，去除杂念。饮茶还是一种社交礼仪。客来敬茶，这是最普遍的好客美德与待客方式；以茶代礼，既表达了情义又不失高雅。饮茶还有利于身体健康。茶中含有多种抗氧化物质与抗氧化营养素，喝茶具有养生保健功能。

饮茶，不挑人，不挑身份，不挑器具，不挑时间，不挑地点，不挑品类。只要我们想，随时都可以感受茶的清香。

很多同学会有这样一个问题：学生能喝茶吗？

这个问题大家不用太过担心，除了学龄前儿童外，其他人其实都可以喝茶，尤其是富含茶多酚的绿茶，不但能起到消炎灭菌的作用，还可以清热去火，让我们健康舒适地度过夏天。

我国的茶叶共有六种，分别是味醇温和的红茶、清香耐泡的绿茶、降脂养胃的黑茶、工序繁杂的乌龙茶、黄叶黄汤的黄茶以及形美味甘的白茶。

### 1. 红茶

红茶富含大量钙、磷、钾、镁、维生素A等营养元素，其主要功效是提神消疲，清热生津，消炎杀菌，强壮骨骼，养胃护胃等。我国的红茶品种主要有：祁门红茶、正山小种红茶、日照红茶、滇红茶、湖南红茶、四川红茶等。

### 2. 绿茶

绿茶一直是中国的"国饮"。经过现代科学的大量研究，人们发现绿茶中富含促进人体健康的成分。绿茶十分适合在夏天饮用，它不但具备消食化痰、清热解暑、降火明目等作用，而且对心脑血管病等具有一定的辅助治疗功效。

### 3. 黑茶

黑茶是中国特有的茶类，其制作工艺十分繁复，需经过32道古法制成，且由于持续发酵的原因，又具有极高的收藏价值。

### 4. 乌龙茶

乌龙茶又被称作青茶，除了良好的口感外，乌龙茶还有一定的保健作用，它有助于分解脂肪，有减肥健美的作用。日本人十分喜爱乌龙茶，并将其誉为"美容茶""健美茶"等。

### 5. 黄茶

黄茶是中国特产的茶叶，其加工工艺与绿茶相近，只是增加一道"闷黄"的工艺。按照鲜叶、老嫩芽叶的大小划分，黄茶又可分为黄芽茶、黄小茶和黄大茶。黄茶具有提神醒脑、消食化滞等作用。

### 6. 白茶

白茶含多种氨基酸，茶性寒凉，有退热祛暑的功效。尤其对烟酒过度、油腻过多、肝火过旺等原因引起的身体不适，具有独特的保健作用。

### 🎈 美育老师说

中国人喜欢饮茶，也喜欢品好茶，可同样的泡茶方法，泡出来的茶却有着千差万别的口感。因为除了茶叶、水质有所不同外，水的温度也十分重要。

绿茶使用80℃上下的水冲泡最佳；红茶使用90℃上下的水冲泡最佳；黄茶使用75℃上下的水冲泡最佳；白茶使用100℃的开水冲泡最佳；黑茶使用100℃的开水持续煮沸最佳；乌龙茶使用95~100℃的水冲泡最佳。

同学们，大家喜欢喝茶吗？大家还知道哪些关于茶的小知识呢？

# 第三章

艺术之美，
五彩缤纷的艺术

## 一 音乐之美：慷慨的《黄河大合唱》

### 导读站

在一次歌唱比赛中，阳阳所在的班级合唱了《黄河大合唱》的经典曲目《保卫黄河》。在曲目确定之前，阳阳并不喜欢这首曲目，阳阳觉得像《黄河大合唱》这样年代久远的歌曲，怎么能打动观众、赢得人们的喜欢呢？阳阳认为班级的合唱歌曲应当是紧随时代、跟着潮流！但是老师和许多同学还是选择了这首合唱歌曲。为了集体的荣誉，阳阳还是认真学习了歌曲。随着练习次数的增加，阳阳逐渐被歌曲的精神打动……

### 美育小课堂

风在吼，马在叫，黄河在咆哮，黄河在咆哮。河西山冈万丈高，河东河北高粱熟了。万山丛中，抗日英雄真不少！青纱帐里，游击健儿逞英豪！端起了土枪洋枪，挥动着大刀长矛，保卫家乡！保卫黄河！保卫华北！保卫全中国！

——《黄河大合唱》（节选）

作词：光未然　作曲：冼星海

《黄河大合唱》是由光未然作词、冼星海作曲的一部大型合唱声乐套曲。这部作品以黄河为背景，慷慨热情地歌颂了中华民族的伟大历史和中国人民坚贞不屈的斗争精神。全曲目包含《序曲》及八个乐章。

《序曲》

《序曲》为管弦乐演奏，以色彩浓郁的乐队效果，为观众刻画了中华民族顽强的意志和强大的民族精神。它确定了全作品慷慨激昂的基调。

《黄河船夫曲》

《序曲》之后是由男声合唱的《黄河船夫曲》，该曲先以紧促的声音描绘船夫与风浪斗争的激动场面，随后徐徐放缓，展现人们登上河岸的欣喜，尾声乐曲以由强及弱的声音逐渐远去，展现人民的战斗并没有止步，他们仍然在继续抗争……

### 《黄河颂》

第二部分《黄河颂》是以男高音独唱展现音乐的壮阔、深沉。乐曲歌颂了黄河的雄壮，赞扬了伟大的中华文化和人们对于民族精神的发扬。

### 《黄河之水天山来》

第三部分《黄河之水天山来》为配乐诗朗诵，歌颂了民族的灾难和时代的英雄。

### 《黄水谣》

第四部分《黄水谣》为女声齐唱，首段抒情、深沉，中段悲痛、哀切，末段比前段更为凄切、荒凉，斥诉了侵略者给中华民族带来的灾难。

### 《河边对口曲》

第五部分为男声对唱的《河边对口曲》，该乐章以锣鼓伴奏，以山西民歌音乐形式反复对唱，形象地展现了流亡群众的凄惨境遇，表达了人们对于抗争的决心。

### 《黄河怨》

第六部分《黄河怨》为女高音独唱，旨在以悲惨缠绵的音调，让观众感受到被侵略者欺辱的妇女们的沉痛哀切。

### 《保卫黄河》

第七部分《保卫黄河》以轮唱手法，加入"龙格龙格龙格龙"的衬词，表现了人们奋起反抗的斗争形象。

### 《怒吼吧，黄河》

最后一部分为混声演唱的《怒吼吧，黄河》，以号角性、战斗性的音调，展示了祖国为最后胜利发出的呐喊，表达了人们对于胜利的渴望。

同学们，乍一看这么多的乐曲，是不是觉得这首合唱歌曲十分复杂呢？其实并不是这样，《黄河大合唱》虽由八个乐章组成，但是每个乐章之间都有其独立性，各个乐章之间的表现形式、表现内容和音乐形象均有强烈对比。各个乐章又都与革命的主体紧密相连，乐章均显示了斗争、奋斗的精神，最终均与《序章》音乐所要展现的内容相呼应。

通过聆听音乐，我们可以发现乐曲的语言简洁明快，通俗易懂，通过诗朗诵与歌曲相结合，以朗朗上口的句子引发观众的共鸣，使人们更能深切地感受到乐曲的精神和力量。

比如《黄水谣》中的"麦苗儿肥啊，豆花儿香，男女老少喜洋洋。自从鬼子来，百姓遭了殃！奸淫烧杀，一片凄凉，（凄凉）扶老携幼，四处逃亡，（逃亡）丢掉了爹娘，回不了家乡！"歌词并没有采用生涩词语，而是使用白话似的歌词。在演唱时，聆听者更能体会到战争中的人们从平安喜乐到被迫害至妻离子散的情感变化。

在音乐的表现上，乐曲采用了多种声部相结合的演唱手法和不同乐器相结合的表现方式，以不用的声调展示不同的乐曲形象。比如，展现悲切场景时，随着朗诵者声调的提高，琵琶声渐渐升高，以琵琶之哀切伴奏朗诵者语言之哀切、情感之哀伤，使观众好似亲临那惨厉的侵略场景。

这部在抗战期间创作的作品，以其独特的艺术表现形式，痛斥了侵略者的残暴，揭示了百姓生活的不幸，同时又强调了我国抗争侵略者的信念，展示了中华民族坚强不屈、誓死抗敌的壮丽图景。

### 🎈 美育老师说

音乐是一种抽象的艺术，它用声音向人类传递情感，用音调向人们传递美感。人们对于音乐的学习，也是对于情感的学习，对于审美的学习。通过学习音乐，我们的精神得到升华，思想得到启迪，最终会成为一个德、智、体、美、劳全面发展的人。

## 二 美术之美：山水画的意境之美

### 导读站

"妈妈，这幅画好奇怪呀。"

美术馆中，奇奇指着一张设色画说道。妈妈顺着奇奇指的方向看去，原来是元代画家赵孟頫的《浴马图》。美术馆的这张画是通过微喷手法，对《浴马图》进行了1∶1的复制。

让奇奇倍感好奇的是，《浴马图》里的马一点儿都不威风，反而像牛一样胖墩墩的。而且，里面的小人儿都穿着兜裆布一样的东西，看上去喜庆又滑稽。

妈妈笑着说道："还记得我们去博物馆里看的唐代马文物吗？里面的马也是胖墩墩的呀。这是一种既古朴又个性的绘画风格，人和马的动作互相呼应，有趣又生动。"

奇奇点了点头，中国画里的奥妙真多呀！

### 美育小课堂

中国传统绘画博大精深，种类繁多。比如秦汉时期的壁画、画像砖，魏晋时期的宗教艺术画，隋唐时期的工笔画，宋代的水墨画等。

在众多绘画艺术中，最能代表中国传统画艺的当属水墨画。北宋文人沈括在《图画歌》中说："江南董源僧巨然，淡墨轻岚为一体。"这句话说的就是水墨画。

水墨画是中国画的代表，早期的水墨画仅有黑白二色。不过，古代画纸泛黄，配上黑、白二色，倒是别有一番古香古色的味道。后来，随着彩墨的出现，水墨画也变得色彩缤纷了。相信大家应该都看过山水画和花鸟画，这些画作色彩丰富，意境深远，观赏起来也是别有一番韵味。

唐宋画家在画山水画时会将笔沾湿，以达到"水晕墨章"的效果。而从元代开始，画家开始使用干笔作画，这就让墨色有了更多变化，有一种纯用水墨所作的画也在这一时期兴盛起来。

这种水墨画秉承"墨即是色"的原则，用墨的浓淡变化来表现层次。墨分五彩，但究竟是哪五彩，至今还没有一个准确的定论。有人说是焦、浓、重、淡、清，还有人说是浓、淡、干、湿、黑，另有人加上"白色"，称"墨分六彩"。可见，所谓五色，指的是墨被清水调节后，呈现出的浓淡干湿，不同的浓淡会晕出不同的层次。

在水墨画中，山水画是其中的一大类。

山水画顾名思义，是一种描绘山水风光的绘画形式，其自魏晋、南北朝时已兴起，风雅绝伦的魏晋风气奠定了山水画的基调，但那时的山水画，还仅仅是作为人物画的背景。

隋唐时期，山水画从人物画中独立出来，并分化出了很多流派。展子虔的设色山水，李思训的金碧山水，王维的水墨山水，此后又形成了青绿山水。历朝历代的画师们，都没有停止过对于山水画的探索。

在山水画家看来，笔、墨与纸之间，其实是有一种若即若离的关系的。笔墨太近、太重，纸上便是混沌一团，什么都看不清了；笔墨太远、太轻，神韵又无法表现出来。只有恰到好处的笔墨，才能画出明暗相间、虚实相生的山水画。也只有这样的山水画，才别有一番朦胧美与意境美。

### 🎈 美育老师说

工笔画与写意画是传统绘画艺术中的两大类别。

工笔画也叫"细笔"，是一种用精谨细腻的笔法描绘景物的表现形式，其画风工细，描绘形象细致入微。这种精致细腻的画法多用于人物画与花鸟画。

写意画又名"粗笔"，但这里的"粗笔"并不是粗糙的意思，而是一种注重神韵的简洁。写意画大多画在生宣纸上，纵笔挥洒，墨香飞荡。

同学们，大家最喜欢的国画作品是哪一幅呢？

## 三 戏曲之美：五光十色的京剧脸谱

### 导读站

于小光的爷爷奶奶都是京剧演员，由于近十年的耳濡目染，于小光也对京剧产生了浓厚的兴趣。元旦晚会上，于小光在班主任的鼓励下表演了京剧《铡美案》中包拯的唱段，舞台上的于小光画着传统的京剧脸谱，穿着京剧传统戏服，一言一行活脱脱一个小京剧演员。表演完毕，同学们为他鼓起了热烈的掌声。同班的同学还对于小光的京剧脸谱特别感兴趣，缠着于小光让他讲述京剧脸谱的分类……

### 美育小课堂

同学们了解京剧脸谱吗？这些五光十色的京剧脸谱，看似神秘莫测，其实它们都源于生活。脸谱中的形状、轮廓皆与人们的年龄、生理、经历和生活习惯等条件类似，比如晒得漆黑、吓得煞白、臊得通红、病得焦黄等，这些既是人们在现实生活中的传神反映，又是剧中人物的心理、精神的直接展示。但是，京剧脸谱的绘画方法又与现实生活有所不同，它虽源于生活，但同时又进行了夸张。比如同学们熟知的"包青天"包拯，京剧中将他的面庞勾勒为黑白相间的形态，但真实的包拯却未必是如此形象。

戏曲艺术家们为了将不同的形象在舞台上直观地展示，一方面采用夸张的技法强化脸谱的形态；另一方面又将脸谱分为了不同的大类。熟悉京剧的戏迷们，只要一看到某个脸谱出场，便会立刻了解人物所扮演的角色。那么京剧的脸谱有哪些分类呢？

按照脸谱的颜色和线型等，京剧脸谱可以分为以下几种。

### 1. 整脸

整脸是以一种颜色为主色，着重勾勒肌肤底色，再略加其他色彩勾勒人物五官的一种脸谱形式。它的主要特点是构图简单，重点突出。比如《铡美案》中的包拯为黑整脸，《赤壁之战》中的曹操为白整脸。

### 2. 三块瓦脸

三块瓦脸是在整脸的基础上进一步夸张眉、眼、鼻的一种脸谱形式。因其对于"三窝"的重点刻画，脸谱被分为脑门、左右脸颊三个部分，形状如同三块瓦片，故称之为"三块瓦脸"。按照对于眉、眼、鼻绘画形式的不同，三块瓦脸又可以分为正三块瓦、尖三块瓦、花三块瓦、老三块瓦等。

### 3. 十字门脸

十字门脸是由三块瓦脸发展而来的一种脸谱。十字门脸将三块瓦脸的三色缩小为一个竖直的色条，从月亮门（清朝时男子留辫子时头上剃光的部分）一直勾到鼻头以下。因眼窝之间以横线相连，立柱花纹与横线相交形成一个十字，故而被称为"十字门脸"。《草桥关》中的姚期是典型的十字门脸的代表。

### 4. 六分脸

六分脸是将脑门的立柱花纹与眼部以下部分均描绘成一种颜色，脑门以上立柱花纹以外的色彩占全脸的十分之四，眼部以下颜色占全脸的十分之六，上下脸四六分开，故而被称为"六分脸"。《将相和》中的廉颇就是六分脸。

### 5. 碎花脸

碎花脸保留花三块瓦脸的主要底色，在其他部位以辅色勾勒花纹，因色彩丰富且线条细碎、花样繁多，故被人们称为"碎花脸"。《金沙滩》中的杨七郎的脸谱便是碎花脸。

### 6. 歪脸

歪脸的绘画以不对称的线条为主，意在突出打手的五官歪斜、相貌丑陋。京剧当中的众多不起眼反派角色大都绘制这种脸谱。

### 7. 僧脸

僧脸特征是腰子眼窝、花鼻窝、花嘴岔，脑门勾一个舍利珠圆光或九个点。这些特征均能代表人物的佛门形象。

### 8. 神仙脸

神仙脸是由整脸和三块瓦脸发展而来，其脸谱的绘制主要采用金色、银色，以突出角色的神圣和威严，有时神仙脸也以在辅色中添加金银线条和金银涂色为主要绘制手法。

### 9. 象形脸

象形脸主要是指精灵神怪的脸谱，这种脸谱并无固定的模式，其绘制主要依据精怪的形象特征，讲究传神、神似，要使观众一眼望去便知晓是何精怪幻化而成。

### 10. 丑角脸

丑角脸又称"小花脸""三花脸"，其特征是在鼻梁中心部位涂抹一个白色的"豆腐块""桃形"等形状，以突出角色的喜剧性。如《群英会》中的将干、《女起解》中的崇光道，他们都是丑角脸的主要代表。

以上便是京剧脸谱的大致分类，如果按照更为细致的标准，京剧脸谱还可以划分更多种类。这些五光十色的脸谱，吸收了千百年人民的生活形态，再加以艺术点缀，最终形成了一套完善的脸谱艺术体系。

## 🎈 美育老师说

同学们，你们知道吗？在不同的戏曲曲目中，同一人物的脸谱形式并不相同。如《芦花荡》为了表现诸葛亮三气周瑜的戏剧性，便将戏弄周瑜的武将张飞勾绘为笑脸，而在《战马超》中，张飞要与马超决战，人们在勾勒脸谱时则更注重突出张飞的威猛。也就是说，京剧的脸谱是为人物的性格、戏曲的形式服务的一种艺术形态，它并不完全是按照固定的角色、固定的曲目来勾画的。

演员在创作脸谱时，虽然要遵循固定的谱式，但是更重要的是要根据人物的性格、心态，以更为传神的勾勒方法创作脸谱。而这种创作方式，也是演员对于角色的理解以及对于戏曲的感悟。

## 四 舞蹈之美：孔雀舞展现东方魅力

### 导读站

在一次偶然的机会下，文文和爸爸妈妈一同观看了舞蹈《雀之灵》。在聚光灯下，文文看到一只优雅的、迎风而立的孔雀徐徐走向舞台，它纤细动人，但是却骄傲而神秘……

### 美育小课堂

孔雀舞，是我国少数民族傣族民间舞中最为传统的舞蹈。在傣族，孔雀是高贵而幸福的象征，人们期待以模仿孔雀窈窕的身姿来获得幸福美好的生活。

最初的孔雀舞，只是模仿孔雀的身姿、形态。慢慢地，人们在舞蹈当中加入了自己的思想、情感和审美，最终形成了现在优雅的孔雀舞。关于孔雀舞的魅力，我们可以从音乐步伐、动作几部分解读。

#### 1. 音乐

旋律是为舞蹈增色的一项重要利器，但是在孔雀舞当中，却没有旋律为舞者伴奏。孔雀舞中，虽仅有象脚鼓、锣、钹等打击乐器，但是它们却能与舞者的舞姿完全契合。如象脚鼓总能根据动作的转化敲击出丰富多彩、令人激动的鼓点，锣、钹虽然只能敲击单一的节奏，但是却能配合舞者的步伐和情绪，展现出轻重缓急的音乐变化。当舞者想要展现温柔、抒情的场景时，这些乐器也能协调地齐奏。当表演者想要展示舞蹈的慷慨激昂时，这些乐器也可以以更加激烈的鼓点和音乐给舞者反馈。音乐和动作的相辅相成，最终将观众引入舞蹈的情感世界。

### 2. 步伐

孔雀舞的步伐有着严格的程式和步法，舞者的每一个脚步都要与相应的鼓点相和。山林之中的孔雀会在林间漫步、戏水、嬉戏，会飞奔下山，会飞翔、拖翅、抖翅、展翅、登枝、歇枝、开屏，舞者以自己的身姿模仿这些动作，将美感与动感结合，展现出如孔雀般优雅而轻盈的舞姿。

### 3. 动作

孔雀舞的舞蹈动作，多为半蹲姿态的均匀颤动。在这些半蹲姿态下，身姿、手臂和手的弯曲，形成孔雀舞特色的"三道弯"，舞者正是通过对身体、手臂或者手形的变化，来改变舞蹈的美感和情感。

手部动作是孔雀舞的一大特色。舞者通过对孔雀头冠、嘴部、爪形的模仿，将一只亭亭玉立的孔雀跃然于舞台上，通过手臂和手部的配合对孔雀展翅动作、抖翅动作等动态模仿，将孔雀恬美的行动姿态展示在观众面前。这些或动或静的舞蹈动作，加上舞者的面部表情，向观众传达了舞蹈的感情。在自然律动中，观众更能感受到"孔雀"之美。

孔雀舞较多的半蹲姿势、起伏的腰膝、频繁的小腿动作，要求舞蹈的演绎者必须有强健的身体、持久的耐力。也正是因为这个原因，传统孔雀舞的演绎者多为男性。

随着人们对于舞蹈的理解，有越来越多的女性加入了孔雀舞的表演当中。女性的身体是柔软的、舒展的、坚韧的，女性肢体的柔美更能充分表现孔雀舞的妩媚之美，相对于人们习惯的男性表演，女性舞者展示的孔雀舞会给观众另一种独特的享受。于是，在无数舞者的参与中，孔雀舞慢慢突破了传统的束缚，在现代审美的影响下，孔雀舞会展示在更为广阔的艺术舞台上。

## 🎈 美育老师说

　　艺术修养能影响我们的精神世界。舞者在展示一个完美的舞蹈作品时，常常会被舞蹈的独特美感所征服。舞蹈能够利用不同情绪的乐曲、不同身姿的动作，调动人的情绪，转换人的思想，宣泄人的感情。一个优秀的舞蹈背后必然有着拥有高超艺术修养的舞者，如果舞者没有艺术素养，便感知不到艺术的底蕴，便不能将作品的情感展现得淋漓尽致。同学们是如何看待舞蹈之美的呢？请谈谈自己的看法。

## 五 影视之美：《我不是药神》展现影视之美

### 导读站

苗苗在同学的推荐下观看了电影《我不是药神》。在观看电影之前，苗苗想着，这样的电影有什么好看的呢？海报上没有一个养眼的帅哥，也没有一个让人羡慕的女主角，都是一些不知名的演员。看过电影之后，苗苗改变了自己的看法……

### 美育小课堂

同学们有没有经常去看电影呢？相信大家都曾经通过各种途径欣赏过电影。电影往往源于现实，却又高于现实；它来自现实，却又影响着现实。《我不是药神》正是一部这样的艺术作品。

这部电影改编自真实事件，案件的主人公陆勇，正是《我不是药神》的主角程勇。只不过，真实事件中并没有吕受益、黄毛、刘思慧。电影通过艺术加工，对陆勇事件进行了改编，加入了多个悲悯的人物角色，利用小人物的悲欢喜乐，将现实的问题展现在观众面前，使观众直面社会问题与底层人民的无奈。

人物塑造的好坏关系着影视作品是否出彩儿，典型的人物形象是影片内涵的核心，是观众对影片情感理解的直接渠道。在人物塑造上，《我不是药神》塑造了多个性格鲜明的角色，通过演员精湛的演技，使观众可以真实感受到人物情感的起伏和心态的转变。

比如主人公程勇，在影片的前半段，通过程勇的语言、穿着、居住环境等细节，观众可以感受到程勇作为一个市井小民的鲜明特点。他不修边幅，身材肥胖，性格暴躁，贪婪且不敬重生命，但是他又是一个极度关心儿子的父亲。尽管他有着无数的缺点，在面对自己的孩子时，他仍然展现了自己柔和的一面。电影《我不是药神》中塑造的人物，是同时拥有优点和缺点的丰满的人。这种真实性，更能激发观众的共鸣。

在画面色彩上，影片色彩从鲜艳浓烈逐渐转为清冷寡淡。电影开篇，吕受益来到程勇的保健品店铺时，画面当中运用了黄色、橙色、红色等暖色调，展现了一个普通人居住的杂乱环境。在这样嘈杂的环境下，主人公程勇与故事的关键人物吕受益相遇了。而在影片后期，电影色彩变得清淡，红、黄、橙不再是电影色彩的主旋律，蓝色、白色成为主色彩。一方

面这是主人公程勇心境的展现，这时候，吕受益已经自杀，程勇开始重新思考倒卖药品；另一方面，色彩的转换，更能让观众感受到戏剧冲突，更加深入地感受人物的情感变化。

光影的运用同样是电影美感的一种展现方式。《我不是药神》是一部现实主义影片，整个影片虽然穿插着一些喜剧元素，但电影的基调是昏暗的，因此，影片大多数画面都笼罩着一层阴影。在影片的阴影中，程勇身上也有明光照射，比如在影片中期，吕受益自杀后，程勇与吕受益的妻子一同在医院的等候区隔椅而坐，吕妻的身体完全在阴影当中，而程勇则是一半在阴影当中，一半在明亮当中。这种光线的切割，一方面展现了程勇对于吕受益自杀挣扎的内心，另一方面也暗示着程勇可能会做出改变，重新走向白血病人身边，带他们走进光明。

尽管电影并不能够完全改变问题，但是它却可以引导我们的目光，让我们在观影之余，思考自己的人生：我们拥有健康的身体，可以坐在明朗的教室里学习，但是那些有重病的人却没有这样的机会。如果同学们在观看电影后能够产生一些新的思考，那么观看这部电影便是值得的。

### 🎈 美育老师说

影视艺术的美感不仅来自画面、音乐和动感带给人们的视觉享受，也在于它与真实世界的特殊关系。"艺术来源于生活却高于生活"。影视作为艺术的一种形式，它也源于生活，它用情节、故事、场景、情感感化观众，让观众了解到真实生活的另一面，或者打开观众未知的世界，或者引发观众的共鸣，使得观众为之动容，为之思考。

# 第四章

## 社会之美，深入生活感受美好中国

## 一 心灵之美：我爱我的祖国

### 导读站

1839年，清政府派林则徐赴广东禁烟。林则徐深知鸦片的危害，它不仅会导致吸食之人出现恶心、呕吐等病症，更重要的，鸦片会使人上瘾，进而使人丧失斗志，害人害国。

林则徐到广州后，众多商人以为林则徐像以往的禁烟官员一样，只要施以银钱贿赂便能让林则徐打道回府。但是林则徐却视金钱如粪土，他警告烟商："若鸦片一日未绝，本大臣一日不回，誓与此事相始终，断无中止之理。"禁烟活动开始后，林则徐收缴了高达237万余斤的鸦片。他将这些鸦片在虎门的海滩当众销毁，沉重地打击了英国鸦片商贩。

当人们向林则徐问道："如此干戈大动地禁烟，你不怕被商人们报复吗？"林则徐却回答："苟利国家生死以，岂因祸福避趋之！"

### 美育小课堂

2015年，习近平总书记在颁发"中国人民抗日战争胜利70周年"纪念章仪式上的讲话中指出："在中国共产党倡导建立的抗日民族统一战线旗帜下，海内外中华儿女以强烈的家国情怀，空前团结起来，争先投入保家卫国的伟大斗争之中，形成了人民战争的汪洋大海，谱写下惊天地、泣鬼神的爱国主义篇章。"

中华儿女热爱祖国，是因为她有五千年光辉的历史；是因为她博大精深蕴藏着无穷的宝藏；是因为她用身躯孕育了千千万万的英雄儿女。作为一个新时代的接班人，同学们应当培养自己的爱国情怀，从生活中的每一件小事做起。

### 1. 坚持中国特色社会主义，坚持中国共产党的领导

我们的祖国在中国共产党的领导下一步一步走向繁荣，作为一名新时代的中小学生，应当坚守正确的政治方向，从思想上坚持中国共产党的领导，认同中国的体制，认同中国社会主义的发展道路，以社会主义思想武装自己，做新时代爱党、爱国、爱社会主义的好学生。

### 2. 维护民族团结，维护祖国统一

作为新时代的中小学生，我们应当坚决维护祖国统一，自觉与破坏祖国团结的行为做斗争。我们应当坚定"一个中国"原则，在国家统一问题

上，坚决不让步、不妥协、不退后。我们还应当坚决维护民族的团结。我国是一个多民族国家，任何一个民族都是国家的一分子。我们应当团结爱护身边的少数民族同学，尊重少数民族的风俗和习惯。

### 3.努力学习，打好文化基础

作为一名中小学生，目前我们还没有足够的能力为祖国做贡献，我们当前的主要任务，就是抓紧一切时间学习，拓宽自己的视野，提高自己的道德素质，将爱国热情化为学习的动力，为将来报效祖国打下坚实的文化基础。

### 4.增强国防意识，维护国家安全

在和平的年代，中小学生也应当居安思危，未雨绸缪。一方面，要认清当前错综复杂的国际形势，增强国防意识，对军队的一切信息要绝对保密，不随意在网上发布国家信息、军队信息。另一方面，应当强健身体，提高思想觉悟，成年后积极地参与到军队建设中去。

中小学生有理想、有担当，国家就有未来，民族就有希望。正如习近平总书记所说："中小学生是青少年的主体，是国家的未来和希望。"同学们应当勇于承担时代的重任，做一个热爱祖国的先锋勇士。

### 🎈 美育老师说

在中华几千年的文化传承中，爱国始终是经久不衰的主旋律，它是激励中华民族自强不息的力量。无论我们身处何处，我们都要铭记，中国才是我们的家乡，中国才是我们应当热爱的土地。

## 二　自然之美：绿水青山，最美中国

### 导读站

温凡从小就向往草原。他在课本上读到"天苍苍，野茫茫，风吹草低见牛羊"的句子，总幻想着自己有一天能亲自到草原看看，亲自感受一次广袤无垠、自由自在的草原。如今，温凡终于如愿以偿，他和家人一同驱车来到草原，看到了一碧千里的草原、四面起伏的山丘、成群结队的牛羊……温凡深深地感到了大自然的美。在这里，他可以高声呐喊、随心奔跑。正如那些忽静忽动、四处寻觅食物的羊儿，温凡快乐极了。

### 美育小课堂

同学们，我们知道，中国位于亚洲东部、太平洋的西岸，是世界上面积第三大的国家。在广袤的国土上有高山、盆地、平原、丘陵、湿地、沙漠、岛屿、河流、海洋……这些自然美景，有着不同的特点。

#### 1. 雄伟的自然美

自然是伟大的，在自然面前，人类是渺小的，人类生来便对雄伟的事物有着一种自然的敬佩感。自然的雄伟既可以是视觉的雄伟，也可以是力量的雄伟。

夏夜繁星点点的星空，它是神秘而雄伟的；"一览众山小"的泰山，它是磅礴而雄伟的；原野苍苍的草原，它是宽广而雄伟的……这些自然景色，展现了祖国自然景观的雄伟美丽。

气吞山河、咆哮奔涌的黄河，"飞流直下三千尺"的庐山瀑布，万马奔腾汹涌而来的钱塘江，它们有着无限的力量，这是祖国自然美景的力量的雄伟。

除了因时间流淌而形成的雄伟的自然景色，动物和植物身上也有着雄伟的美丽。在丛林穿梭的猛虎，在大海中遨游的鲸鲨，在原始森林中生长的参天巨树，它们都是祖国雄伟美丽的一种。

### 2. 秀丽的自然美

祖国的自然美也可以是秀丽、温婉的。它们不像雄伟美那样给人威慑感，秀丽美景常使人赏心悦目，如沐春风。比如杭州西湖的温婉动人，西双版纳森林的静谧和谐，庐山潺潺流水的柔和……看到这些景色人们常常会感到心情舒畅、愉悦。而这种秀美的景色，在我们的祖国处处可见。

### 3.奇特的自然美

奇特的美景源自大自然日月风霜、雨雪浪涛的自然洗礼，它们或者对称，或者怪异，或者和谐，或者曲折。观赏这些美景，人们常常会折服于自然的鬼斧神工，感叹于大自然的神奇造化。

黄山的奇特之美令人称道。明朝的旅行家徐霞客曾经在登临黄山时赞叹："薄海内外之名山，无如徽之黄山。登黄山，天下无山，观止矣！"黄山数座山峰，经过千万年的风雨侵蚀，形成了各色悬于山巅的奇石。人们将这些奇形怪状的石头拟人化，就有了譬如猴子望太平、松鼠跳天都、鳌鱼驮金龟、乌龟爬山等奇石景点。来到这里游览的人们，无一不拍案叫绝，惊奇不已。

### 🎈 美育老师说

为什么要感受自然美呢？人类不同于动物，人类是有思想、有情感的，人类可以感受自然的美景。在感受美景时，获得暂时的休憩和心灵的放松。同时，在欣赏自然美时，我们又可以得到启发，让我们拥有更高的创造性，更丰富的想象力。

## 三 行为之美：疫情中的最美逆行者

**导读站**

　　程果果的妈妈是一名医生，一场突如其来的新型冠状肺炎疫情，让程果果的妈妈随队来到了武汉方舱医院。程果果虽然担心身在前线的妈妈，但是却从未在视频通话中流露出一丝对妈妈前往武汉支援的不舍。她知道，妈妈肩上担负着重任，要挽救一个个鲜活的生命……

**美育小课堂**

　　2020年年初，新冠肺炎在武汉肆虐。往年这个时间，正是外出工作的人们返乡的高峰，他们将与家人团聚。但是今年，病毒却将他们困在了这个城市。尚无有效药物控制的病毒，肆意侵袭着人们健康的身躯，一时间，武汉的各个医院被病人挤满。正当人们无助时，一个个从五湖四海赶来的身影出现在这里……

### 1. 支援的医护人员

　　"我虽然老了，但身体还可以，我要去湖北武汉参战抗击冠状病毒性肺炎，我不怕病，亦不怕死，为人民的利益而死重于泰山，请领导派我去战斗！"这是一位年过八旬的老医生亲笔写下的请愿书，老人早已退休，但是当他得知疫情暴发时，他毅然申请前往前线……

　　与这位老人一样，数万名在职的医护人员也没有退缩。他们在危难之际，怀着一颗"医者仁心"赶往武汉，勇敢地奋战在一线战场，与死神搏斗，与病毒抗争，只为了能够挽回一个生命，换回一个家庭的团聚。

### 2. 建筑工人

在诊治床位严重不足的情况下，火神山医院开建了。以往一座建筑的落成，往往需要几个月或几年的时间，但是在这个特殊的时期，在全国各地各方力量的援助下，火神山医院仅仅用了十天的时间便迅速建成。

"一方有难，八方支援"，来自全国各地的四千多辆车，三千多名建筑工人，在工地夜以继日地辛勤劳作，本应耗时一个月的建筑工序，被他们的高密度工作压缩至几个小时。在夜以继日、紧锣密鼓的修建之下，十天十夜，火神山医院拔地而起。医院的一砖一瓦之中，都融合着无数建筑工人的汗水和无数从祖国各处赶来的援建人员的信念。

### 3. 清洁人员

在医护人员的背后、在城市的背后，总有这样一群默默清扫着废弃物品的人们，他们的名字叫作"清洁工"。医护人员尚且还能保障必备的防护用品，但是清洁人员常常与沾满病毒的垃圾废品接触，却没有多少像样的防护用具。即使是在这样的情况下，清洁人员也没有放弃这个岗位。在他们的帮助下，城市之中少了一个个病毒传染的源头，他们奋斗在与医护人员不同的一线，保护着城市的整洁，保护着人们的安全。

### 4. 爱心人士

物资匮乏的一线，人们发愁防护用具库存见底，发愁食物短缺。就在这时，满载物资的车辆一辆辆到达这里，为人们送来了一份温暖。

这些物资当中，有企业集中采购的防护用品、蔬菜水果，有普通人为了同胞的温饱、防护而捐献的物品。阿里巴巴通过海外采购，筹集了近十亿元的医疗物资；华为、腾讯、百度、京东等企业也纷纷捐款。无数普通人通过各种渠道购买物资，通过爱心捐赠、邮寄等方式，将爱心传递给疫情之下的武汉，不管是一叠口罩还是几瓶酒精，都是他们的一片爱心。

除此以外，还有一群为了物资运输而无私付出的人们。辽宁的李东新、穆秋夫妇在得知蔬菜运输需要车辆时，便决心加入这场物资接力，十二天当中，他们免费三次往返，只为将蔬菜运抵目的地。

同学们，正是因为有了这些"逆行者"，疫情才得以被迅速控制，我们才能走出家门，回到课堂，与小伙伴们面对面交谈。这些默默无闻的人们，以自己的行动汇聚成为2020年的一道风景线。

### 🎈 美育老师说

同学们有没有听过这样一句话："疾病往往比战争、革命更加深刻和全面。"战争和革命只会在局部爆发，只会破坏部分文明，但是疾病却会在整个人类社会传播，直接攻击文明的核心，也就是人类本身。在疫情面前，人类是命运的共同体，无论是国内还是国外，没有一个人能够躲过疾病的侵袭。在灾难面前，人类只有众志成城，携手共进，才能克服疾病的挑战。

## 四 科学之美：领先世界的中国5G

**导读站**

朱欣欣最近常常听到爸爸妈妈讨论5G，爸爸妈妈常常说，"中国的5G技术领先世界！""5G的速度更快！""5G效率更高，将满足更多高精密行业需求！"

到底什么是5G呢？朱欣欣常常因此困惑……

**美育小课堂**

5G，全称为第五代移动通信技术，它是一种蜂窝移动通信技术，是人们为了更快捷地传输信息而发明的一种通信系统。下面我们就从通信技术的演变历史来看看5G与其他技术的不同。

在5G之前，世界移动通信经历了1G、2G、3G、4G四个阶段。1G阶段，人们可以利用手机进行时事通话。在手机出现之前，人们的通信依赖电报、书信等形式，这些工具虽然能够传递信息，但是却十分缓慢。一封书信需要经历千山万水，经过无数路途才能送达收信人手中。后来，"大哥大"出现了，人们开始通过它相互联系，不过这仅仅限于语音通话。

"大哥大"虽然富有创新性，但是它体型过大，且不能满足人们远距离通信的要求。于是在需求的催生下，2G登上了历史舞台。采用2G通信的手机，通信信号更强，通信的距离更远，同时人们还可以利用2G手机收发短信息。QQ在此时开始普及，人们可以利用2G信号发送QQ消息，但是只限于文字的收发，当你想要发送图片或者视频时，手机的效率就很慢。

在2G的基础上，3G拥有更高的带宽，人们可以比较轻松地发送图片，但是播放视频还是有些卡顿。此时的世界已经发生了一些变化，一大批新型网站开始如雨后春笋般涌现，如微博、人人网等图文平台。在3G技术的支持下，人们可以用手机随时随地在这些网站上欣赏图文信息。

4G时代，通信传输的速度已经相比于前几个阶段有了更大的进步，人们可以在手机上任意播放视频，下载文件，再也不用担心视频播放卡顿、缓存失败。

5G则比4G的速度更快。在4G时代，人们下载1GB大小的视频往往需要十几分钟，但是在5G时代，它仅仅需要1秒或者2秒。它的峰值速率能够满足更大数据量的信息传输。除此以外，5G还具有以下特点：

（1）5G的空中接口时延水平在1ms左右，这意味着人们可以借助5G完成更多高科技的应用。在日常生活中常常有这样的场景，我们在视频通话中说出一句话，要经过几秒的延时才能被对方听到。而5G则不存在这种问题，它的延迟在1ms左右，也就是说，我们刚刚说完，对方便能清晰听到。

有的同学会说，这种优势其实并没有什么实际意义，几秒钟根本改变不了世界。这是一个错误的观点，在5G尚未被广泛应用的现在，已经有人利用5G技术进行了远程手术，在4G时代，这是不可想象的事件。要知道，一秒钟的延迟，完全可以改变一个病人的手术的结果。因此我们有理由相信，随着5G的普及，未来社会可能会发生翻天覆地的变化。

（2）5G的网络容量很大，可以提供上千亿设备的连接能力。同学们有没有登录某个网站登录不上、网速特别慢的时候呢？就好比一座桥上通行的人数有限一样，移动通信技术也有着网络容量的限制，如果连接的人数过多，自然会出现拥堵的情况。5G却不存在这种情况，上千亿设备同时连接，能够确保通信的稳定，保证"行人宽松舒适地通过桥梁"。

（3）5G的安全系数更高，更能保障客户的用网安全。不同于其他通信技术，5G采用的信息中心网络，是一种基于发布订阅的信息传递网络。

它的基本运行模式为用户发送内容获取指令给节点，节点向内容发布者获取信息，内容发布者将相应内容传递给用户，节点则将该内容缓存下来。当另一个用户需要相同内容时，相邻的节点会直接将内容发送给用户。这种以用户请求触发信息传递的流程，有别于传统的以主机地址为中心的网络体系结构，它更能保障用户的信息安全，减少客户接受垃圾信息。

除了以上这些特征外，5G还拥有频谱效率高、用户体验速率高、流量密度和连接数密度大等特点，有兴趣的同学，可以自己去了解。

在科学技术引领社会发展的21世纪，未来还有着无限的可能等待我们发现，这些神秘而有趣的科技，将更加美好的世界带到我们身边。科技的未来将走向何处，还需要同学们一同去探索、去创造。

### 🎈 美育老师说

科学是一种理性的美丽，它不像艺术那样以情感打动人心，它的美丽是一种客观的、"无我"的美丽。科学与艺术又是相互联系、相互包容的。比如，艺术当中追求的对称美与科学当中的对称美一样，二者在某些地方也有着一致性。艺术家在绘画时会追求画面的"黄金比例"，科学家在工作时会聆听优美的音乐，科学与艺术在交融之中共用进步。这两者即是独立的个体，又是交织的学科，在未来，它们还会继续保持紧密联系。

## 五 秩序之美：守规矩，懂法律

### 导读站

"红灯停，绿灯行，黄灯亮了等一等"的交通规则，人们耳熟能详，但是每当遇到红绿灯，总有些人不管路上有车没车，交通指示灯是红是绿，他们聚在一起，一拥而上过马路。经过整治后，这种现象虽然已很少出现，但是闯红灯的问题却仍难以杜绝……同学们，你们身边有闯红灯的人吗？看到闯红灯的行人，你会跟随他们一同闯红灯吗？

### 美育小课堂

规则是人类社会有序运行的基础，是社会和谐的基本保障。只有人人都遵守规则，社会才能正常有序地运行，人们才能因此受益。

规则分为两种：一种是人们约定俗成的规则，另一种则是法律规定。比如让座给老弱人群，是人们约定俗成的规则；绿灯通行，便是一种法律规定，人们不按照指示行进，便会受到处罚。

法律是一种强制性的规则，因为有了法律的震慑，人们才有敬畏之心，倘若没有法律，吸毒、抢劫、偷盗之人不被制裁，人们的生活便会不得安宁。法律规定指导、规范着人们的日常行为，使人们能够合理评价行为的后果，能有效预防违法行为。这也就意味着，人们必须拥有法律意识，才能守法，不违法。法律意识的培养，应当从小抓起。同学们作为新时代的接班人，应当从小接触法律，学习法律，只有这样，才能养成良好的法律意识。

中小学生要培养法律意识，应当做到以下几点：

（1）积极学习法律，争做法律知识小达人。同学们可以通过观看法治节目、购买法律书籍、从网络上查询法律知识等方式学习法律，了解自身权益。在这个阶段，我们虽不可能学习到全部的法律知识，但是我们可以多学习与中小学生相关的法律常识，以保障自己的合法权益不受侵害。

（2）遵守法律规则，争当规则守护者。同学们作为新时代的接班人，有义务也有责任积极遵守法律规定，不违法、犯法。对于有违法倾向的同学，我们应采取适当的方法提醒或阻止，如在我们身边发生的校园欺凌事件，我们应当及时报告老师、家长。

# 秩序之美

（3）摒弃不良习惯，成为法律规则的践行者。养成坏习惯很容易，但是更正却不易，作为新时代的中小学生，我们应当摒弃不良习惯，从细微之处展示自己的优良品质，从举止之间展示自己的文明风采，成为法律规则的践行者。

法律和规则是对人们行为的束缚和限制，是对秩序的维护和支持，同学们应当懂法、守法，对法律怀有敬畏之心，积极遵守法律规则，履行法律义务，做守法的好公民。

### 🎈 美育老师说

法律也是一种美学，法律的美是一种形式美。法庭中有庄重之美，判决书中有神圣之美，法律条文则显示出一种规则之美、严谨之美，法官和律师则具备理性之美。执法的公平、准确，司法的中立，都是法律中的美学。

## 六　健康之美：合理饮食塑标准体型

### 导读站

　　刚刚升入初中的刘敏最近有一个烦恼，身高165厘米、体重55公斤的她，常常被同学催促减肥。原来，在刘敏所在的班级，女生们都以瘦为美，她们常常把"好女不过百"的口头禅挂在嘴边。几个和刘敏要好的女生，常常叮嘱刘敏，一定要保持身材，控制体重，早点把体重降到百斤以下。

　　刘敏的体重真的超标了吗？"瘦"真的是健康的唯一标准吗？

### 美育小课堂

　　同学们，体重只是身体健康一个相关因素，过分控制体重则是一种畸形的审美。正常的体重并不能单看体重，不看身高，而应该对二者进行综合考量。对于身高体重的标准换算，世界卫生组织有如下计算方法：

男性：（身高cm−80）×70%=标准体重

女性：（身高cm−70）×60%=标准体重

其中：标准体重在正负10%为正常体重；标准体重正负10%~20%为体重过重或过轻；标准体重正负20%以上为肥胖或体重不足。

国际上常用的衡量人体胖瘦程度的标准为身高体重指数（Body Mass Index，简称BMI，也称体质指数），它的计算方法如下：

体质指数(BMI)=体重（kg)÷身高（m）$^2$

中国人体质指数标准为：

BMI<18.5，体重过低；18.5≤BMI<24，正常体重；BMI≥24，超重；24≤BMI<28，肥胖前期；28≤BMI<30，I度肥胖；30≤BMI<40，II度肥胖；BMI≥40.0，III度肥胖。

体重过轻，会导致中小学生出现贫血、脱发、记忆力衰退、内脏下垂、骨质疏松等症状；体重过重，会增加中小学生患高血压、糖尿病、关节炎、心脑血管疾病、脂肪肝等病症的概率。

为了防止出现以上身体问题，保证正常的学习和生活需要，我们不应过分追求以瘦为美，同时也不应过分放纵饮食，而应当按照《中国居民膳食指南》的要求，做到以下几点：

（1）食物多样，谷类为主。每天摄入谷薯类食物250~400g，其中全谷物和杂豆类50~150g，薯类50~100g。食物多样、谷类为主是平衡膳食模式的重要特征。

（2）吃动平衡，健康体重。坚持日常身体活动，每周至少进行5天中等强度身体活动，累计150分钟以上；主动身体活动最好每天6000步。减少久坐时间，每小时起来动一动。

（3）多吃蔬果、奶类、大豆。餐餐吃蔬菜，每天保证摄入300~500g

蔬菜，深色蔬菜应占一半；天天吃水果，保证每天摄入200~350g新鲜水果，果汁不能代替鲜果；吃各种各样的奶制品，相当于每天液态奶300g。

（4）适量吃鱼、禽、蛋、瘦肉。鱼、禽、蛋和瘦肉摄入要适量：每周吃鱼280~525g，畜禽肉280~525g，蛋类280~350g，平均每天摄入总量120~200g。

（5）少盐少油，控糖限酒。培养清淡的饮食习惯，少吃高盐和油炸食品，每日盐摄入量不超过6g，油摄入量在25~30g，糖摄入量不超过50g，限制饮酒。

（6）杜绝浪费，兴新食尚。珍惜食物，按需备餐，提倡分餐不浪费；选择新鲜卫生的食物和适宜的烹调方式。

"瘦"不应当成为判断身体健康的唯一标准，健康美也是中小学生应当追求的。它是一种全面、多方向的美，不应被社会畸形的审美所掩盖。中小学生应当意识到健康美的重要性，合理饮食，塑造健康的体魄，才能保障我们的日常学习和生活。

### 🎈 美育老师说

世界卫生组织在其宪章中提到："健康乃是一种在身体上、心理上和社会上的完满状态，而不仅仅是没有疾病和虚弱的状态。"作为新时代接班人的我们，应当从多方面判断自己是否处于健康状态，当我们的身体、心理等方面出现不适，我们不应逃避问题，而应积极寻求家长、老师和医生的帮助，及时调整自己的身心状态，以最好的面貌迎接生活。

## 七 勤劳之美：勤俭节约与垃圾分类

### 导读站

晶晶的爷爷今年已经八十多岁了，按照常理来说，他已经到了安享晚年的时候。可是晶晶的爷爷却不愿整天待在家里，他常常带着一个塑料袋往来于小区的各个垃圾桶边，指导人们将垃圾分类入桶，同时将人们扔的纸板、塑料瓶收集起来，再整理好出售给回收站。

晶晶常常告诉爷爷：垃圾桶又脏又乱，爷爷如果总是去垃圾桶里捡垃圾，自己会被同学笑话有一个捡垃圾的爷爷。但是爷爷却不这么认为，走过艰苦岁月的爷爷觉得，只要自己还有一丝力气，他就不应闲坐在家里，即使是捡垃圾，也是一种劳动的快乐。

### 美育小课堂

"一粥一饭，当思来处不易；半丝半缕，恒念物力维艰"，勤俭节约是中华民族的传统美德。

春秋时期，墨家学派的创始人墨子就提倡勤俭节约，他认为"富民之要，在于节俭"，国家强大，人民富裕的要领在于节俭，只有勤俭节约，才能使国家变得强大。明太祖朱元璋崇尚节俭，他在位期间不肆意挥霍，吃穿用度上更加节俭，吃饭不仅没有山珍海味，而且多是粗茶淡饭。毛泽东主席的一件睡衣，缝缝补补穿了二十年，白菜、咸菜等百姓饭食也是他的主要饮食。

在物资匮乏的年代，国家领导人都勤俭节约。这更加鞭策着我们中小学生要勤俭节约，不浪费。

中小学生要践行勤俭节约，应当从日常生活中的每一件小事做起。我们应尊重每一份劳动成果，不浪费一粒粮食，不浪费水电，节约每一张纸，节约每一块钱，不挥霍消费、崇尚奢靡之风。比如，在生活中不剩饭菜，随手关灯、关电脑、关闭水龙头，不浪费纸张等。

中小学生践行勤俭节约，还应当热爱劳动，不歧视劳动者。社会上存在着多种职业，有人辛勤耕种，有人在城市的街道打扫卫生，有人在写字楼里办公……职业并没有贵贱之分，同学们应当尊重每一份职业。办公室职员并不比一个快递小哥高贵，同学们不应以职务的内容作为个人劳动成果的判断标准，而应当怀着尊敬之心，尊重每一位劳动者。

中小学生践行勤俭节约，也可以通过垃圾分类的方式做到。人们常说"垃圾是放错位置的资源"，垃圾尽管是人们生活的废弃物品，但是其中的一部分是可以回收利用的。

为了能使这些垃圾变废为宝，我们必须做到垃圾分类，将不同的垃圾投放到相应的垃圾桶中，这些垃圾才能被工厂集中回收利用。

厨余垃圾包括食物残渣、果皮、蛋壳、茶渣、剩饭剩菜等。把厨余垃圾投放至厨余垃圾桶当中，它被回收后可以加工成生物化肥。

可回收垃圾包括废纸、废塑料、废金属、废旧纺织物等，它们经过一定的加工处理，可以二次利用。

同学们，只有我们每一个人都积极践行勤俭节约，从生活中的每一个小处着手，我们的生活才能更加美好，国家才能更加强盛。

## 🎈 美育老师说

　　劳动是一切知识的来源，节俭则是人们最大限度享受生活的根本。在劳动中，我们可以获得财富、金钱和生活水平的提高。而节俭能使我们更好地享受生活，不注重节俭之人终有一日会坐吃山空，倾家荡产。只有节俭之人，才能在更加漫长的时间内享受生活。

# 第五章 美育要靠实践来丰富

- 老师，一起去博物馆
- 国学是什么？通过读书会了解国学
- 公益活动时刻展现社会美
- 举办一次美育主题班会

## 一 老师，一起去博物馆

### 导读站

　　小虎第一次去博物馆那天，阳光很好。妈妈叫醒小虎，告诉小虎今天要带他去博物馆参观。小虎听到这个好消息，翻身起床，赶紧去洗漱。到达博物馆后，妈妈又为小虎请了一位讲解员，跟着讲解员，小虎认识了许多不曾见过的历史文物，还了解了许多文物背后的故事。自此以后，一有空闲时间，小虎就要去逛逛博物馆……

### 博物馆简介

　　同学们去过博物馆吗？博物馆是征集、典藏、陈列和研究代表自然和人类文化遗产实物的场所。我们在这里可以通过观看、欣赏文物，体会历史文物所残留的文化痕迹。现在，就让我们一同了解一下国内著名的博物馆吧！

#### 1. 故宫博物院

　　故宫博物院位于北京故宫，是中国最大的古代文化艺术博物馆，也是第一批全国爱国主义教育示范基地。

　　故宫博物院内共藏各类文物1807558件，涵盖了几乎整个古代中国文明历程中的所有文物门类。这些文物被分为25个大类、200多个类别，分别展示在各个展馆当中。

　　著名文物如顾恺之的《洛神赋图》、张择端的《清明上河图》、王献之的《中秋帖》、李白的《上阳台帖》、沈子蕃缂丝的《梅鹊图》、乾隆款金瓯永固杯、郎窑红釉穿带直口瓶、酗亚方樽、彩漆描金楼阁式自开门群仙祝寿御制钟、张成造款雕漆云纹盘、青玉云龙纹炉、掐丝珐琅缠枝莲纹象耳炉等。

### 2. 中国国家博物馆

　　中国国家博物馆，简称国博，位于北京市天安门广场东侧，是历史与艺术并重，集收藏、展览、研究、考古、公共教育、文化交流于一体的综合性博物馆。

　　馆内藏品多达100余万件，分别展示在48个展厅内。著名文物有人面鱼纹陶盆、大盂鼎、三星塔拉玉龙、鹳鱼石斧图彩陶缸等。

### 3. 南京博物院

　　南京博物院，其前身是民国时期蔡元培等人提议建成的国立中央博物院。它是中国创建最早的博物馆、中国第一座由国家投资兴建的大型综合类博物馆。

馆内收藏有藏品432768件，珍贵文物数量高达37万余件，珍贵文物数量仅次于故宫博物院。著名展品有玉串饰、战国错金银重络铜壶、郘爰、明釉里红岁寒三友纹梅瓶、青瓷神兽尊等。

### 4. 浙江省博物馆

浙江省博物馆位于杭州市，是国家一级博物馆，始建于1929年，是浙江省内最大的集收藏、陈列、研究于一体的博物馆。馆内珍藏文物10万件，文物品类丰富。其中，沙姆渡文化遗物、良渚文化遗物、越文化文物、龙泉窑青瓷、五代两宋佛教文物、历代漆器等都极具地域特色。

### 5. 陕西历史博物馆

陕西历史博物馆位于西安雁塔区，是中国第一座大型现代化国家级博物馆，其有"古都明珠，华夏宝库"的美誉。

馆内收藏文物1717950件，以数量多、种类全、品位高而享有盛誉。著名文物有镶金兽首玛瑙杯、五祀卫鼎、阙楼仪仗图、宫女图等。

除了以上五个大型博物馆外，四川博物院、湖北省博物馆、上海博物馆、河南博物院、台北故宫博物院均各有特色，它们共同组成了中国十大博物馆，是中华历代文化宝藏的收藏之地。

## 实践目标

（1）寻找当地的博物馆，近距离观察博物馆中展示的文物。

（2）通过倾听讲解员、老师的讲解，了解文物背后的故事。

（3）与同学们交流讨论，共同体会中华文化的源远流长。

（4）了解你所在城市的历史，将历史与你观察到的文物相结合，体会当地的历史变迁和乡土风貌，重新认识家乡。

## 实践组织

老师带领同学们一同参观当地的博物馆。班级同学需分成小组，有序进入博物馆参观。小组长负责组内人员清点、纪律维护。每位同学均需自行携带笔记本和笔，及时记录参观中的相关信息，并记录自己的感想。

## 实践拓展

请同学们交流讨论，谈谈本次参观的感受，并写一篇600字左右的观后感。

## 二 国学是什么？通过读书会了解国学

### 导读站

小学五年级的达达被妈妈送到了国学兴趣班学习，从未接触过国学的他学习起来感觉十分痛苦。有一天，兴趣班来了一个新同学，新同学名叫枫枫，是一名初中二年级的学生。在一次讨论中，枫枫清晰地表达了自己对于国学的理解。她说，通过学习国学，使她了解了更多的中华传统知识，在给别的小朋友介绍时，她感到十分自豪……

达达看着在讲台上侃侃而谈的枫枫，便将枫枫当作自己的榜样。此后，他时常向枫枫请教，时间久了，达达也变成了一个国学小达人。

### 国学简介

国学，狭义上是指中国的古代学说，包括儒家思想、道家思想、兵家思想、法家思想和墨家思想等。广义上，它是指中国古代的文化和学术，包括历史、哲学、地理、政治、经济、诗书礼乐、医学、建筑等内容。

国学可以分为经、史、子、集四大门类。经指的是中国的古籍经典，其中包括《论语》《孟子》等；史是指中国历代的史学著作，诸如司马迁的《史记》、班固的《汉书》、司马光的《资治通鉴》等；子是指创建我国学说或者学派的人物文集，如《老子》《庄子》《孙子》以及各类艺术家、杂家、小说家等；集是指历史上文人学者的总集和个人文集，如《李

# 国学

太白集》《杜工部集》《长生殿》《西厢记》等。

北京市老百姓国学会执行会长邓卫东认为：国学是自然、生命、家庭和公益的统一，但是国学又不仅仅只包含这四个方面，它更是"一种起源于原始太初而传承于历史现实的活着的正在继续的中正文明、和谐文化，是中华民族核心的价值理念和追求，是数千年来中国人思维方式、行为方式、生活方式、生产方式的高度总结，是中华母亲的乳汁，是中华儿女的血脉、精神和灵魂，是中国人信仰的天空和大地。"

可以说，国学是中华传统文化的精粹，传承国学是文化自信的根本需要。中小学生学习国学，在丰富知识的同时，可以培养中华民族的传统美德、精神内涵，认同中华传统文化，并在生活中传承中华文明。

## 实践目标

（1）通过集体讨论，认识国学，了解国学。

（2）学习国学经典，以诵读、解答等方式，深入了解国学的内容。

（3）从中华传统文化当中汲取养分，结合实际，传承优良的国学精神。

## 实践组织

老师组织一场关于国学的读书会。请同学们自行准备一篇国学经典内容，并在读书会上诵读，谈一谈自己的理解。其他同学可以提问，老师可以协助诵读同学进行解答，共同讨论国学的内涵、精神。

## 实践拓展

相信同学们已经通过读书会了解了一些关于国学的内容，在这些内容中，哪些是你特别感兴趣的呢？请同学们积极查阅资料，更加深入地了解国学！

## 三　公益活动时刻展现社会美

### 导读站

最近，莹莹在妈妈的陪同下参加了许多公益活动。参加活动虽然很累，但是却十分充实。在一次图书回收活动中，莹莹打包了自己小学六年的教材，将其捐助给了一所希望小学。一位名为雪琪的小学三年级学生收到教材后，还写了一封感谢信寄给莹莹，表达自己的感谢。莹莹看到自己的爱心捐赠能帮到别人，内心十分高兴，后来更加卖力地做公益。

### 公益简介

公益是指个人或者团队组织自觉、自愿做好事，行善举而提供给社会的公众物品。公益活动是人们提供人力、物力和钱财等赞助和支持某项公益事业的活动。它包括社区服务、社会援助、社会治安、社团活动、环境保护、慈善、文化艺术活动等。

通过公益活动，中小学生可以在实践中发现社会之美，增强自己的社会责任意识，有利于中小学生主动承担社会责任，有利于中小学生提升自我价值，有益于中小学生身心健康发展。

现阶段，中小学生可以参与的公益活动有植树活动、爱心义卖、捐助活动、陪护天使、守护环境、公益执勤、博物馆义工等。

## 实践目标

（1）在公益活动中，同学们能够贴近生活，更加近距离地接触到社会之美。

（2）通过参加公益活动，同学们可以通过接触公众、接触社会，更加了解公益精神，提升公民意识和公民道德。

（3）参加公益活动可以拓宽同学们的视野，一方面可以增长知识，另一方面，在帮助他人的过程中，能学会承担社会责任，实现自我价值。

## 实践组织

同学们可以通过学校、老师和社会组织参与公益活动，还可以通过以下几个途径参与公益活动：

（1）联系社区负责人。有兴趣参与公益的同学，可以通过联系社区负责人或者社区管理者等方式，获取社区公益活动的相关信息，报名参与

社区公益。

（2）联系图书馆、博物馆等大型公共机构。图书馆、博物馆、科技馆等城市公共服务机构时常会举行各种公益活动，同学们可以向这些机构的管理人员咨询，报名参与馆内的公益事业。

（3）联系养老院、敬老院。我国的养老院和敬老院有公立和私营之分，同学们可以通过网络、114查询热线等方式搜索当地的养老院等机构，与这些机构的管理人员联系，加入关爱老年人活动当中。

（4）联系国内的大型慈善机构。我国有众多有组织、有纪律、有担当的慈善机构，同学们可以通过上网搜索这些慈善机构的官网，关注这些机构的公益活动动向，及时报名参与相关活动。比如，下载大型慈善机构的App，通过软件推送的义工、慈善旅行、公益捐助等活动，在符合条件时加入公益活动。

同学们需要注意的是，在参加公益活动时，应当首先保证自己的安全，保证自己的人身权利不被侵害。同时，同学们应当严格遵守公益活动的规则，不私自行动，不扰乱活动秩序。

### 实践拓展

同学们，参与公益活动，你们都获得了哪些感悟呢？请同学们谈谈对公益的理解，并谈谈自己在公益活动中的所见所闻、所思所想。

## 四 举办一次美育主题班会

### 导读站

小梅上初中之后，担任了本班班长。一天，班主任找到小梅，希望小梅能够同他一起组织一次美育班会。从来没有组织过班会的小梅有点不知所措，到底她应当做些什么呢？

### 实践目标

通过举办美育主题班会，同学们对美育有了更深刻的认知，能自我发现、自我创作、自我评价艺术以及其他美的形式。通过互相展示、互相欣赏，同学们可以了解到他人对于美的感知、美的欣赏，从而使自己增长见识。

### 实践组织

本次美育主题班会，同学们可以自由讨论班会的主旨和内容，决定班会的流程和举行方式。下面，我们以"美育树新风，发现生活中的美"为主题，向大家介绍班会的具体设计形式。

#### 1. 班会主题

美育树新风，发现生活中的美。

### 2. 课下准备

班会前，请同学们做好以下准备：

（1）同学们选出一名同学担当本次班会的主持人，主持人负责主持本次班会，合理安排班会的进程。

（2）班级成员分为多个小组，并采用抽签方式决定小组展示顺序。

（3）同学们以小组为单位充分准备素材，素材可以是照片、食物、画作、音乐、视频、书法作品、演讲稿等，只要是你认为可以体现美的东西，都可以作为本次班会的展示作品。同时，小组应编写组内展示作品的说明词，并通过合理分工，将说明词分配给每个成员。

（4）邀请学校老师、同学家长等参加本次班会并担任本次班会的投票评委。

（5）同学们合理分工，安排好班会的座位次序，制作选票，并选择多名同学担当投票监督员。

### 3. 班会流程

本次班会共分为四个部分：主持人介绍、小组展示、评委投票、颁奖环节。

人员到齐后，主持人登台宣布本次班会开始，并介绍本次班会的主题和班会流程。介绍完毕后，主持人宣布小组展示开始。小组展示时，主持人应按照预先设计好的顺序，邀请展示小组上台展示。展示完毕后，主持人可以宣布小组成员等候评委投票。评委应当在监督下完成投票，并由计票人员公布本组票数。随后主持人邀请下一小组，并重复上述流程，直至所有小组展示完毕。主持人请评委老师公布最终的评选结果，最终获得票数最高的小组为本次主题班会的获胜者，评委代表为获奖小组颁奖。

## 班会总结

颁奖完毕后，主持人可以邀请老师或者学生家长对本次班会进行点评，同学们也可以举手发言，说出自己对于本次美育主题班会的举办流程中的不足，提出自己的宝贵意见。

## 实践拓展

班会结束后，同学们可以自由讨论你最喜欢的美育作品，并说出自己为什么喜欢这件作品。有能力的班级，可以多组织美育主题班会，在不断实践中了解美育的真谛。